A. Lauber

Zur Latrinenfrage

Eine Studie mit Beziehung auf die Verhältnisse Stuttgarts

A. Lauber

Zur Latrinenfrage
Eine Studie mit Beziehung auf die Verhältnisse Stuttgarts

ISBN/EAN: 9783743482333

Hergestellt in Europa, USA, Kanada, Australien, Japan

Cover: Foto ©ninafisch / pixelio.de

Manufactured and distributed by brebook publishing software (www.brebook.com)

A. Lauber

Zur Latrinenfrage

ZUR LATRINENFRAGE.

EINE STUDIE.

MIT BEZIEHUNG AUF DIE VERHÄLTNISSE

STUTTGARTS.

VON

A. LAUBER

STÄDTISCHER INGENIEUR IN STUTTGART.

STUTTGART, 1873.
SCHICKHARDT & EBNER.

VORWORT.

Die Latrinenfrage ist ein stehender Artikel in unseren Zeitungen geworden. Allgemein wird anerkannt, von welcher Wichtigkeit die Entscheidung über die Art und Weise, wie die Aborte beschaffen sein, und die Fäcalstoffe aus der Stadt gebracht werden sollen, für eine Stadt ist. Eine ausgedehnte Literatur ist über diesen Gegenstand schon vorhanden, dennoch fand der Verfasser, dass eine Schrift, welche in allgemein verständlicher Darstellung das bis jetzt in dieser Richtung Geschaffene darbietet, fehle. In Stuttgart besonders aber war eine solche ein Bedürfniss zu nennen, und der Verfasser glaubt demselben mit dem vorliegenden Schriftchen entgegenzukommen.

Er verhehlt sich nicht die Schwächen seiner Arbeit. Einestheils möge ihn die Schwierigkeit entschuldigen, einen so eminent wissenschaftlichen Stoff populär darzustellen, anderntheils aber der Umstand, dass diese Erstlingsarbeit neben einer seine Zeit ausfüllenden Berufsthätigkeit entstehen musste.

Gerne hätte der Verfasser einzelne Abschnitte gründlicher, mehr wissenschaftlich behandelt. Die Erwägung der Ansprüche, welche dadurch an den Gesammtinhalt hervorgerufen worden wären, hielt ihn davon zurück. Am meisten bedauerte er dies bei dem Gegenstand der Kanalisirung der Städte und bei dem von der Ventilation, und er spricht hier die Hoffnung aus, dass es ihm gestattet sein möge, wenigstens die erstere in einem gesonderten Werke gründlich zu behandeln.

Die gute Absicht und die angedeuteten Umstände mögen dem Verfasser eine milde Beurtheilung, namentlich von Seiten der Fachgenossen, verschaffen.

Stuttgart, im August 1873.

Der Verfasser.

In neuester Zeit wurde in Stuttgart eine Einrichtung für die Entfernung der Fäkalstoffe aus der Stadt ins Leben gerufen, welche zwar gegen die vorherigen Gebräuche einen grossen Fortschritt zeigt, aber doch bei Herbeiführung vieler Unannehmlichkeiten für die Bewohner der Stadt den gesundheitlichen Anforderungen noch so wenig genügt, dass sie auf die Dauer nicht als geeignet erscheinen kann.

Diese Behauptung des Näheren zu erweisen, sollen die hiesigen Einrichtungen an der Hand der neueren Untersuchungen über diesen Gegenstand geprüft werden.

Bestehende Einrichtungen in Stuttgart.

Beinahe ohne Ausnahme werden die menschlichen Excremente in unsrer Stadt in mehr oder weniger pünktlich gemauerten Senkgruben aufbewahrt, um nach gemeinderäthlicher Verordnung alle 4 Wochen ausgepumpt und abgeführt zu werden. Es wird zwar verlangt, dass neu zu erstellende Gruben wasserdicht gemauert werden, doch ist diese Wasserdichtigkeit, wenn überhaupt vorhanden gewesen, nur kurze Zeit möglich, da durch die in den Gruben sich bildende Salpetersäure aller Kalk, auch der beste hydraulische (Cement) in salpetersauren Kalk, welcher im Wasser sich löst, verwandelt wird. Nach nicht langer Zeit werden die Fugen des Mauerwerks ausgewaschen, die Wasserdichtigkeit zerstört sein.

Die Gruben stehen mit den Abtritten in der Regel durch oben in primitivster Weise „zugedeckte" viereckige hölzerne Schläuche in Verbindung, welche, manchmal nicht vertikal, sondern etwas geneigt abfallend, besonders geeignet erscheinen, die Excremente aufzuhalten, und deren Reinigung beinahe unmöglich ist.

In welcher Weise diese Einrichtungen der Gesundheit entsprechen, liegt offen zu Tage. Die aufgespeicherten Stoffe gehen, namentlich im Sommer, schnell in Fäulniss über. Da die Gruben nicht dicht sein können, so sickert ihr Inhalt durch die Wände, das umgebende Erdreich, d. h. den Boden unmittelbar unter unseren Wohnungen durchdringend und durchfeuchtend.

Sei nun zugegeben, dass jeder Boden die Eigenschaft hat, die schädlichen Bestandtheile des Urins zu desinficiren (Oxydation), so ist dies doch nur kurze Zeit möglich. Bald wird derselbe übersättigt sein und die Fäulniss der Stoffe nimmt in ihm ihren ungehinderten Fortgang. Dass das Regenwasser beim Durchgang durch solchen Boden in höchst schädlicher Weise verunreinigt wird, braucht wohl kaum nachgewiesen zu werden; welches Wasser also ein Brunnen in nächster Nähe des Hauses, im Hofe etc., wie sie häufig hier sind, liefern wird, liegt auf der Hand.

Aber selbst vorausgesetzt, dass es möglich wäre, dichte Senkgruben herzustellen (eiserne Wandungen etc.), also die Verpestung des Bodens und Wassers zu verhindern, so bleibt doch ein Uebelstand, der nie zu beseitigen, und der doch hier geradezu am schädlichsten ist. Es ist dies die Verpestung der Luft, in der wir leben. Die Gase, welche der Fäulnissprozess der aufgespeicherten Excremente und namentlich der im Abtrittschlauch angehängten Stoffe entwickelt, finden infolge ihrer Leichtigkeit ihren natürlichen Ausweg durch die Oeffnungen der Abtritte in die verschiedenen Stockwerke des Hauses, dort die Luft verpestend, welche das nöthigste Erforderniss zum Leben bildet. Es ist eigentlich unbegreiflich, wie leichtsinnig in dieser Beziehung man in Stuttgart ist zu einer Zeit, wo die Aerzte bemüht sind, die Vortheile von Luftkuren, das Einathmen präparirter (ozonhaltiger) Luft u. dgl. m. ihren Patienten auszumalen. Was soll dem Bewohner eines ächten Stuttgarter Hauses, der das ganze Jahr die faulenden Gase seines Abtritts einzuathmen gezwungen ist, was soll ihm der 4wöchentliche Gebrauch einer sogenannten Luftkur helfen?

Hier ist der Punkt, wo unsere Herren Doktoren Abhülfe schaffen sollten, und wenn unser Medicinalcollegium den Holzbau und die Abstände der Häuser, d. h. zwei sehr kostspielige Auskunftsmittel, wegen der leichtern Lufterneuerung empfohlen hat, warum den Hauptübelstand, die Hauptursache der Luftverschlechterung belassen?

Der englische Gesundheitsrath (board of health) hat nicht für Holzbau plaidirt, dagegen hat er schon anno 1852 ausgesprochen:

„Es ist unmöglich, Jemandem zu erlauben, Koth, Abtrittstoffe oder Unrath irgend welcher Art auf seinem Grundstücke in einer Stadt oder mitten zwischen enge stehenden Wohnungen aufzubewahren, ohne dadurch die gemeinschaftliche Luft zu verunreinigen und folglich die Nachbarn zu schädigen. . . . .

„Alle Untersuchungen haben bewiesen:

1) Dass eine Bevölkerung, welche mitten unter atmosphärischen Unreinigkeiten, herrührend von den Ausdünstungen der Abtrittgruben, der Hauskanäle oder der Ablagerungen in den grossen Kanälen, leben muss, nicht gesund und nicht sicher vor den Verheerungen epidemischer Krankheiten sein kann;

2) dass als erste Bedingung der Gesundheit kein Unrath zwischen oder nahe an den Wohnungen aufbewahrt werden darf . . . ."

Nachdem in derselben „Instruktion etc." von 1852, welcher das eben Gesagte entnommen ist, der Satz ausgesprochen wird, dessen Anwendung auf Stuttgart ein bedenkliches Resultat ergeben würde:

„Die Gewohnheiten eines Volkes mit Rücksicht auf Reinlichkeit und besonders mit Rücksicht auf die Sorgfalt, welche angewendet wird, die Wohnungen vor der Verpestung durch Excremente zu bewahren, sind ein bestimmter Maassstab für die Bildung dieses Volkes", wird der Grundsatz aufgestellt, dessen Richtigkeit Niemand bestreiten wird:

„**Die Beseitigung aller Abtrittgruben aus der Mitte der Wohnungen ist die erste Pflicht der Ortsbehörden.**"

Im Gegensatz zu diesen strengen Forderungen der englischen Gesundheitsbehörde glaubt man sich in Stuttgart dabei beruhigen zu dürfen, dass man eine sogenannte geruchlose Entleerung der Gruben alle 4 Wochen vornimmt, und ausserdem zeitweise, wenn nämlich das Auftreten einer Epidemie besonders gefürchtet wird, die Desinfection des Abtrittinhalts empfiehlt.

Um nichts zu versäumen, soll auch diesem letzten Auskunftsmittel der Bequemlichkeit seine Stelle hier angewiesen werden.

In der lesenswerthen Schrift: „Canalisation oder Abfuhr?" sagen die Verfasser, die Herren Dr. O. v. Gruber und Dr. L. Brunner pag. 30 hierüber:

„Es ist bis jetzt freilich nur von den Senkgruben die Rede gewesen, ohne Berücksichtigung dessen, was man für die Desinfection derselben zu leisten versucht hat.

„Wir müssen gerade diesen Fall als einen nicht unwesentlichen berücksichtigen, da sogar bei Manchem aus den gebildetsten Kreisen noch die Ansicht existirt, dass die Quintessenz dessen, was erfunden werden kann, ein gründliches Desinfectionsmittel sei, damit so den sanitären Rücksichten genügt werden könne und eine vielleicht halbjährlich erfolgende Abfuhr der Landwirthschaft noch die desinficirten Massen nützlich mache.

„Wir können diese Ansicht mit wenigen Worten widerlegen: Eine gründliche Desinfection ist nur mit einem Kostenaufwande möglich, der in keiner Weise im Verhältniss zu dem steht, was dadurch erreicht werden kann und was auf andere Weise zu erreichen möglich wäre.

„Es wird hier aber wie so oft die Desoderation, d. h. die Befreiung vom Geruch mit einer Desinfection, d. h. Befreiung von der Möglichkeit einer schädlichen Wirkung verwechselt.

„Alle diese Mittel, Eisenvitriol, carbolsaures Natron, Kohle, Chlorkalk und wie sie sonst heissen mögen, können nur durch Anwendung ganz grosser Mengen wirklich auf die Dauer der Zersetzung der organischen Stoffe Widerstand leisten, und selbst in diesem Falle ist man nie gesichert, da es unmöglich ist, eine gleichmässige Mischung der Desinfections- und Fäcalmassen vorzunehmen und so ein Theil noch stets sich weiter zersetzen, Miasmen erzeugen und in den Boden eindringen kann, denn das „Corpora non agunt nisi fluida" der alten Alchemisten heisst in der neueren Chemie: die Körper können nicht chemisch auf einander einwirken, wenn sie sich nicht berühren. . . . . . Die Desinfection aber, die, wie wir schon vorher erwähnten, ein chemischer Process ist, kann desshalb nie durch Daraufstreuen oder -Giessen des betreffenden Desinfectionsmittels dauernd und vollständig bewirkt werden. Im ersteren Falle liegt das Mittel oben auf, im letzteren fliesst es an den oben aufliegenden festen Stoffen nur vorbei, und in jedem Falle werden nicht alle Theile (besonders bei den Klumpen der festen Excremente die inneren Theile) davon berührt, also kann auch keine völlige Desinfection erfolgen.

„Es sind noch verschiedene andere Momente, die durchaus gegen ein Senkgrubensystem selbst mit der besten Desinfection sprechen, und da ist eins der wichtigsten für unsern Standpunkt das, dass eine wirkliche amtliche Controle hierüber gar nicht geführt werden kann.

„Wenn der Eine auch aufs Beste desinficirt, kann ihm doch von seinem Nachbar durch mangelhafte Desinfection in gleicher

Weise geschadet werden, denn Luft, Wasser und Boden, diese drei Media, die zu unserem Leben gehören, sind uns Allen gemeinsam, und müssen wir desshalb Alle in gleicher Weise zu ihrer Reinhaltung verpflichtet werden können, wenn irgend welcher Nutzen erreicht werden soll."

M. v. Pettenkofer sagt über Desinfection (Münchener ärztliches Intelligenz-Blatt vom 26. Februar 1867):

„Bei Vergleichung meiner Erfahrungen über die Erfolge der Desinfection war mir interessant, dass in den verschiedenen Städten verschiedene Methoden derselben mit dem gleichen Endergebniss in Ausführung gebracht worden waren. In Leipzig desinficirte man nach dem „Cholera-Regulative" mit schwefelsaurem Eisen-Oxyd, in Berlin nach Kühne mit den übermangansauren Salzen, in Stettin mit alkalischen Desintectionsmitteln (einem Gemenge von Chlorkalk mit Aetzkalk) und in Erfurt mi dem karbolsauren Kalke und zwar so gut, dass in Leipzig die Brunnen alle eisenhaltig wurden, und in Erfurt das Trinkwasser nach Karbolsäure schmeckte. Der Erfolg war auf keiner Seite ein augenfälliger, nicht einmal pro und contra. Wir haben also bezüglich der Desinfection noch viel zu lernen und müssen zunächst suchen, zu erfahren, was denn eigentlich zu desinficiren ist. Die Desinfection der Excremente Cholera-Kranker in den Abtritten reicht in keinem Falle aus."

Zur Ergänzung der Betrachtung der Stuttgarter Einrichtungen sei erwähnt, was in dem ausgezeichneten Buche: „Über Anlage städtischer Abzugskanäle etc." der bekannte städtische Ingenieur Bürkli in Zürich über ein solches System sagt (pag. 115):

„Die Einführung der Pumpen beseitigt den Nachtheil nicht, dass die Flüssigkeit beim Ansaugen umgerührt wird und dadurch im Hause starken Geruch verbreitet, und dass, so sehr auch die Unternehmer das Gegentheil behaupten mögen, der feste Bodensatz in den Gruben nicht ausgesaugt wird, sondern liegen bleibt, und mit andern Geräthen von Hand ausgehoben werden muss.

Um allen Übelständen vorzubeugen, ist daher auch mit dem Auspumpen noch eine Desinfection zu verbinden. So ist in Paris das Pumpen sowohl als die Desinfection polizeilich vorgeschrieben. . . .

„Die Erfahrung hat daher bewiesen, dass die Abtrittgruben durch die aus ihnen aufsteigenden Dünste und durch die nicht zu vermeidende Durchdringung des Bodens neben denselben für die Gesundheit schädlich sind, und dass daher wie der „Board of health" mit Recht vorschreibt, die Beseitigung aller festen Abtrittgruben aus der Mitte der Wohnungen und die Verhinderung der Anlage neuer Gruben Pflicht der Behörden ist.

„Wo solche Gruben vorhanden sind, soll zur Vermeidung sanitarischer Übelstände bei dem Leeren eine vorläufige Desinfection und ein Auspumpen vorgeschrieben werden; es erwachsen aber dadurch, sowie durch eine gehörige Instandhaltung der Gruben den Privaten bedeutende Kosten.

„Ein Freistellen dieses verbesserten Verfahrens durch Einräumen gewisser Vortheile hat wenig Werth, da sich ein Hauseigenthümer schwer zu vermehrten Auslagen entschliesst, wenn ihm die dadurch vermiedenen Nachtheile dennoch von den benachbarten Grundstücken aus zugefügt werden."

Es ist hieraus ersichtlich, dass dem jetzt eingeführten System noch die obligatorische vor der Entleerung vorzunehmende Desinfection zugefügt werden muss, wenn dasselbe den allergeringsten Anforderungen an Reinlichkeit und Gesundheit entsprechen soll. Nach den Erfahrungen anderer Städte stellen sich die Kosten einer einigermassen entsprechenden Desinfection pro Kbm. auf etwa 1 fl. (Bürkli gibt pro Ctr. 0,10 Franken, was ca. 57 kr. pro Kbm. entspricht.)

Vorstehend sind nun die Nachtheile des hier eingeführten Systems der Senkgruben mit pneumatischer (Pumpen) Entleerung aufgezählt, welche in gesundheitlicher Beziehung zu bemerken sind, es gibt aber noch weitere Gesichtspunkte, von denen aus das System als verfehlt erscheint.

In erster Linie gilt hier die Frage vom endlichen Verbleib der Fäkalstoffe. Mit Rücksicht darauf darf wohl behauptet werden, dass gerade in Stuttgart lokale Verhältnisse bestehen, welche das ganze System geradezu als ein verfehltes Experiment erscheinen lassen.

Dasselbe fordert nämlich in erster Linie grosse Depot-Gruben zur Aufnahme der Fäkalmassen, bis dieselben von den Landwirthen der Umgebung abgeholt werden. Bei den Bodenverhältnissen Stuttgarts ist bei Aufsuchung geeigneter Punkte zur Anlage der Depotgruben zuerst dafür Sorge zu tragen, dass das Trinkwasser, welches der Stadt von den umgebenden Höhen zugeleitet wird, unter allen Umständen vor einer Verunreinigung durch den Grubeninhalt bewahrt bleibe. Wie schon oben bei Besprechung der Senkgruben in der Stadt gezeigt worden, ist es beinahe unmöglich, die Gruben, welche Fäkalstoffe aufnehmen sollen, für die Dauer dicht zu halten, wenn nicht sehr kostspielige Anlagen (Verwendung von Eisen etc.) gemacht werden. Der beste Ausweg ist jedenfalls, die Gruben über die Wasserscheide des Nesenbachthals hinaus zu legen, und ein neuliches Zutagetreten von Undichtheit der einen städtischen Grube hat wohl jedem Unparteiischen gezeigt, dass dies der richtigste Weg zur Vermeidung von Calamitäten ist. Die Lage ausserhalb unserer Wasserscheide ist auch factisch beinahe gewählt worden, und es ist sehr zu bedauern, dass bei der Wahl der betreffenden Stellen dieser Gesichtspunkt keine Beachtung gefunden hat.

Es ist aber wohl einleuchtend, wie sehr ein Transport auf die bedeutende Höhe der Stuttgarter Berge die Ausgaben der Stadt vermehren muss. Schon der Transport in die jetzigen Gruben diesseits der Höhen wird den jetzt bezahlten Preis für die Entleerung der Senkgruben so bedeutend übersteigen, dass das städtische Budget nicht unerheblich wird belastet werden müssen, denn ein stärkeres Participiren an den Kosten von Seiten der die Fäces kaufenden Landwirthe wird sich als frommer Wunsch erweisen, weil die Depotgruben für ganze Ortschaften der Umgebung Stuttgarts stets viel zu ungünstig liegen werden.

Unzweifelhaft wird der Landwirth frische Fäkalstoffe gerne kaufen, wenn sie ihm in bequemer Form geboten werden, aber kaum wird er beispielsweise von Fellbach oder Wangen aus die Degerlocher Höhe oder die hohe Prag ersteigen, um dort dieselben faulenden Stoffe, für deren Abfuhr er früher vom Hausbesitzer bezahlt wurde, zu kaufen und abzuführen.

Eine zweite Schattenseite des Systems besteht in der ausnahmslosen bei Tag geschehenden Entleerung. Es entspricht sehr wenig den Anforderungen, welche der Residenzbewohner an den öffentlichen Comfort machen darf, dass er von Zeit zu Zeit den vor den Häusern aufgepflanzten Geräthschaften der Latrinenanstalt begegnet, welche ihre Entleerung zwar für die Strasse geruchlos bewerkstelligt, aber ausser dem im Hause verursachten Geruch bei jedesmaligem Abschrauben des Zuleitungsschlauches zum Fass einen kleinen Theil des Inhalts in nicht sehr geruchloser Weise verliert, um denselben dann in den Rinnstein zu schwemmen, wodurch bei einigermassen warmer Witterung eine wohl $1/_2$ Stunde sich bemerklich machende Spur der geruchlosen Entleerung zurückbleibt, nachdem die Apparate längst nicht mehr sichtbar sind. Hiezu tritt noch eine in den engen Strassen der Altstadt oft erhebliche Verkehrsstörung.

Der dritte, besonders empfindliche Uebelstand, findet seine Ursache in den erst beregten lokalen Verhältnissen.

Bei der langen Zeitdauer, welche der Transport der gefüllten Fässer zu den Depotgruben beansprucht, ist es Usus geworden, diejenigen Fässer, welche ihre Füllung zur Zeit des Mittags oder des Feierabends erhalten haben, gefüllt an verschiedenen Punkten der Stadt zu belassen, wodurch neben der Belästigung der Umwohnenden oft ein doppelter Transport entsteht, indem die Wagen zum Aufstellungsplatz, beispielsweise in der Seidenstrasse geführt, um Nachmittags oder des Morgens wieder abgeholt zu werden. Dass hieraus eine weitere Kostenerhöhung entsteht, ist unzweifelhaft, dennoch ist bei den hiesigen Verhältnissen kein Anderes möglich.

Nach dem bis hieher Gesagten liegt es nahe, Abhülfe für alle die Uebelstände zu suchen, welche dem hiesigen System der Abtritts-Anlagen und ihrer Entleerung zum Vorwurf gereichen.

Die Aerzte und Techniker vieler Städte haben sich mit diesem Gegenstande in eingehendster Weise beschäftigt, und auch hier in Stuttgart sind schon einzelne Vorschläge zur Besserung laut geworden, ohne aber bis jetzt besonders Anklang gefunden zu haben. Gewiss trägt viel dazu bei die Schnelligkeit, mit welcher die Stadt sich entwickelt hat, und Bedürfnisse sich plötzlich zeigten, von denen man vor nicht langer Zeit nichts wusste.

Bei dieser rapiden Ausdehnung der Stadt, welche vor wenig Decennien noch 40,000 Einwohner zählte, wollte keine der bestehenden Einrichtungen mehr passen. Wie zu enge gewordene Kleidung musste eins um das andere vergrössert, erneuert werden, so dass ganze Einrichtungen den Charakter des Provisoriums erhielten. Als eklatantestes Beispiel für diese Behauptung sei hier das Projekt erwähnt, wonach in Stuttgart, der Residenz des an Baudenkmalen so reichen Schwabenlandes, dem Beispiel des jungen Amerika folgend, eine Kirche als Nutzbau aus Eisen erstellt werden soll.

So entstand denn auch die jetzige Latrinenanstalt, indem die von Alters her üblichen Einrichtungen erweitert, verbessert und wieder verbessert wurden.

Durch polizeiliche Fürsorge für das Wohl der Bewohner wurde den Landwirthen der Umgegend, welche früher die Grubeninhalte sogar gekauft hatten, erschwerende Bedingungen hinsichtlich der Abholung auferlegt, welche im Verein mit dem der Vergrösserung der Stadt entsprechenden gesteigerten Angebot der Fäkalien bewirkten, dass dieselben schliesslich nur noch gegen eine immer höher werdende Entschädigung des Hausbesitzers an den abholenden Landmann aus der Stadt geschafft wurden. Da eine Controle solcher Abfuhr eigentlich gar nicht möglich ist, dieselbe ausserdem natürlich in ursprünglichster Weise, unter Entwicklung des unerträglichsten Geruchs geschah, so steigerten sich die Übelstände derart, dass ein Unternehmer auftreten konnte, um gegen ein gewisses Entgeld die geruchlose Entleerung der Gruben zu besorgen, ja dass diese Einrichtung für eine Wohlthat gelten musste, was sie im Vergleich zur ursprünglichen natürlich auch ist.

Solange die neue Einrichtung in's Belieben der Besitzer gestellt war, machten aber nur gewisse Klassen davon Gebrauch, und es wurde daher dem Mangel an Theilnahme zugeschrieben, dass das Unternehmen nicht prosperiren konnte. Durch die kürzlich geschehene obligatorische Einführung desselben und theilweise Übernahme des Betriebs durch die Stadt sollte auch hier geholfen werden. Der Beweis, dass das ganze Wesen der Einrichtung nicht lebensfähig ist, dürfte im vorliegenden Schriftchen gelungen sein.

Es wird hoffentlich nicht mehr lange dauern, bis die Ueberzeugung auch hier sich Geltung verschafft, dass mit dem ganzen System, wie es besteht, gebrochen werden muss, wenn Stuttgart nicht schwer geschädigt werden soll.

Von verschiedenen Seiten wird nun Verschiedenes empfohlen, um den geschilderten Nachtheilen zu entgehen.

Die Engländer zuerst haben den Grundsatz der Abschaffung der Senkgruben in den Städten ausgesprochen, von ihnen ging auch der erste Vorschlag zur Besserung aus.

Canalisation der Städte. Schwemmsystem.

Die Engländer machten den ebenso einfach erscheinenden als kühnen Vorschlag, das Verfahren unserer Hausfrauen nachzuahmen, welche die Unreinlichkeiten ihrer Haushaltungen mit Wasser bekämpfen.

Sie bauten wasserdichte Kanäle, die wieder dichte Röhren in die einzelnen Strassen ausschickten, welche dann die auch dicht angefertigten Abfallrohre der Abtritte aufnehmen mussten. Die Abtritte wurden mit Wasserleitung versehen, und so die Excremente mit Wasser in die Röhren und Kanäle geschwemmt. Auch in diesen fand dann, unterstützt durch die Einleitung des Haus- und Strassen- (Regen-) Wassers ein steter Strom statt, durch welchen die Excremente in ununterbrochener Folge aus der Stadt gebracht wurden. Der ganze Inhalt der Kanäle (Kanalwasser) wurde dem nächsten Flusse übergeben und die ganze Einrichtung erschien so vortrefflich, dass sie sehr schnelle Verbreitung in England und zum Theil auf dem Continent fand.

Nach nicht gar langer Zeit zeigte sich aber, dass noch nicht alle Übelstände beseitigt waren.

Die Flüsse, welchen das Kanalwasser übergeben wurde, geriethen nach wenig Jahren mit der Ausdehnung der sogenannten „Canalisation" der Städte in einen Zustand, welcher zu immer stärkeren Klagen Veranlassung gab.

Um zu zeigen, wie weit die Verpestung der englischen Flüsse durch das Kanalwasser gediehen war, sollen hier einige Stellen aus dem „Ersten Bericht der Commissarien, welche im Jahre 1868 ernannt wurden, um zu ermitteln, wie am Wirksamsten der Verunreinigung der Flüsse vorgebeugt werden könne," Platz finden.

Schon die Thatsache, dass die englische Regierung sich zur Einsetzung einer solchen Commission genöthigt sah, spricht laut genug, hören wir aber erst, was diese königlichen Commissarien sagen, wobei noch bemerkt sei, dass dieselben zwar den Industrieabfällen einen bedeutenden Antheil an der Verunreinigung der Flüsse zuweisen, dass sie aber ausdrücklich feststellen, „dass von allen Arten der Verunreinigung, welcher die Flüsse unterliegen, die durch das Kanalwasser herbeigeführte, die schwersten Schäden verursacht."

Es heisst in dem Bericht u. A.: „Als wir beim Throstlenest-Wehr, unterhalb Manchester (welche Stadt übrigens erst wenige Wasser-Closets besitzt), die Probe schöpften, es war am 21. Juli 1869, um 5 Uhr Nachmittags — war die ganze Fläche des dort 46 yards (42· m.) breiten Irwellflusses, mit einer dichten Decke eines kothigen Schaumes belegt, welche das Aussehen einer festen, dunkeln Rinde hatte. Durch diesen Schaum brachen sich fortwährend hier und da, in Zwischenräumen von 6—8 yards (5—7 m.), Massen von grossen Blasen Bahn, die offenbar aus dem schlammigen Bett aufgestiegen waren und schwer und träge platzten. Wurde der Schlamm an irgend einer Stelle 1 oder 2 yards weit fortgenommen, so wallte und perlte die Oberfläche durch das beständige Hervorbrechen kleinerer Blasen, die sich in allen Tiefen mitten im Wasser entwickelten. Sie lieferten den Beweis, dass der ganze Fluss in Gährung begriffen war, und die daraus hervorgehenden Gase erzeugte. Die Luft war von dem Gestanke dieser gasförmigen Ausdünstungen viele Yards weit erfüllt. Die Temperatur des Wassers war 76 Fahr. (19½° Réaum.), die der Luft dagegen nur 54° (10°)."

Nach dieser Schilderung des Zustandes eines englischen Flusses überzeugt sich dann die Kommission davon, dass der Zustand desselben sich in seinem ganzen Laufe nicht mehr bessert, weil die Oxydation der schädlichen Stoffe so langsam vor sich geht, „dass es keinen Fluss in Grossbritannien gibt, der lang genug wäre, um die Vernichtung des Kanalinhaltes durch Oxydation herbeizuführen."

Dagegen gibt die Kommission zu, dass eine gewisse Reinigung des Flusses stattfinde, weil der Schlamm sich in demselben ablagert. „Man darf jedoch nicht vergessen, dass der auf diese Weise abgelagerte Schlamm sich nur niederschlägt, ohne gänzlich entfernt oder unschädlich gemacht zu werden ... Wir haben mehrere Proben solchen Schlamms der Analyse unterworfen und gefunden, dass derselbe einen grossen Gehalt an organischen Stoffen zeigt, welche in hohem Grade fäulnissfähig sind ... Als derselbe gesammelt wurde, war er bis zum Ekel anstössig."

Bei Gelegenheit der näheren Untersuchung der Verunreinigung kommt die Kommission u. A. auf die Abtritte mit Senkgruben zu sprechen und werden dieselben ganz entschieden verurtheilt.

Sie sagt nämlich: „Es war ein trefflicher Vorschlag, der von einem Gegner des Systems gemacht wurde, die Freunde desselben sollten sich einmal den Zustand von Manchester und Salford vorstellen, wenn alle Wohnhäuser entfernt wären, und nur die Abtritte, nahe an 60,000, bestehen blieben — die Gassen und Strassen, und die Haufen in denselben, rings umher zerstreut, fast so dicht, wie die Düngerhaufen auf einem Felde, welches eben von einem Mistwagen eine Düngung empfangen hat — aber hier sind die einzelnen Haufen nicht blos einmal jährlich eine Lagerstelle für eine Karrenladung, sondern hier wird der Koth beständig gesammelt und eingeweicht und hat Jahre lang jeden Winkel mit Unreinigkeiten erfüllt, zu welchem Luft und Wasser nur Zugang hatten. Ist das ein Boden, auf welchem eine gesunde Stadt stehen kann? Würde es nicht zuerst die Forderung jedes einsichtigen Mannes sein, dass dieser Schmutz fortgekehrt, dass entwässert und gelüftet, und aus dem Erdreich, wenn möglich, der Unrath entfernt würde, ehe ein einziges Wohnhaus darauf sich erhöbe; dass aber auf jeden Fall einem Verfahren für immer Einhalt geboten würde, welches die Schmutzmassen in dieser Weise ansammelt ...."

Bei der Fortführung der Untersuchungen tritt nun ein Umstand ein, welcher bei Beurtheilung der ganzen Frage in Deutschland gewöhnlich ausser Acht gelassen wird.

Es ist dies die Thatsache der in den meisten englischen Städten schon geschehenen Kanalisation mit Einführung der Wasserklosets in die Kanäle. Während also in Deutschland die Frage lautet: „Soll ein Kanalnetz mit einem Male erstellt werden, um ausser dem Regen- und Hauswasser auch die Excremente der Bewohner der Städte aufzunehmen und aus der Stadt zu bringen, oder soll das Kanalnetz nur das Regen- und Hauswasser aufnehmen, was eine allmählige Erstellung gestattet, und dann die Excremente für sich aus der Stadt gebracht werden?" lautet sie in England: „Was soll mit dem Kanalwasser der Städte geschehen, um die Verunreinigung der Flüsse zu vermeiden?" Denn nachdem grosse Kosten auf die Einführung des Schwemmsystems verwendet worden sind, kann natürlich Niemand daran denken, dasselbe wieder abzuschaffen, solange Hoffnung bleibt, die dem System anhaftenden Mängel zu beseitigen.

Dieser Umstand vermag auch zu erklären, wesshalb alle Bestrebungen auf ein Verbessern der bezüglichen Einrichtungen in England stets nur auf die Verbesserung des Schwemmsystems an sich gerichtet sind, während vollständig neue Einrichtungen, mit Umgehung desselben nicht einmal versuchsweise gemacht werden.

So auch bei der genannten Kommission, welche ihre Verbesserungsvorschläge allein auf das Schwemmsystem basirt, also ihrer Aufgabe entsprechend die gründliche Reinigung des Kanalwassers auf möglichst billige Weise erstrebt.

Nach Verwerfung der meisten bis jetzt bekannten Desinfectionsverfahren kommt sie zu der Ueberzeugung, dass das einzig empfehlenswerthe Mittel zur Reinigung des Kanalwassers die Berieselung von Ländereien mit demselben ist, ja dass durch diese ausser der Reinigung noch ein Ertrag für das Kanalwasser erzielt werden kann.

Ueber die Höhe dieses eventuellen Ertrags herrschen bei uns so sonderbar sanguinische Meinungen (beispielsweise hofft der Herr Verfasser der zu Beginn dieses Jahres erschienenen Brochüre:

Zur Frage von der Kanalisation der Stadt Stuttgart, Bauinspektor Reinhardt, durch die Berieselung der Neckarthalfelder zwischen Mettingen und Münster mit dem Stuttgarter Kanalwasser, nach Einführung des Schwemmsystems einen Ertrag zu erzielen, der zur Verzinsung und Amortisation der Gesammtkosten des ganzen Kanalnetzes und der Berieselungseinrichtungen hinreicht), dass in Nachstehendem die von der Kommission in England nachgewiesenen Erträge der verschiedenen Berieselungsanlagen zusammenzustellen geeignet erscheint, diese Meinungen und Hoffnungen auf ihr richtiges Mass zurückzuführen. Es sollen, um wirkliche Resultate zu erhalten, nur diejenigen Berieselungsanlagen aufgeführt werden, welche eine Bilanz über Einnahme und Ausgabe geliefert haben. Es sind dies die Anlagen der Städte:

1) Rugby, 8000 Einwohner.

Das Gesundheitsamt hat 65 acres (26 HA.) à 4 £ 10 sh. (pro HA. 130 fl.) gepachtet und ca. 58,300 fl. für die Anlagen zur Vertheilung des Wassers ausgegeben, wobei die Zuleitung durch natürliches Gefäll geschieht.

„Hier haben wir einen Fall, in welchem die Schäden, welche im Kanalwasser ihren Ursprung haben, vollständig beseitigt sind, und so hohe Erträge erzielt werden, dass zu hoffen steht, das Verfahren, welches bisher nur mit Ausgaben verbunden war, werde demnächst auch Einnahmen bringen."

Der Sekretär des Gesundheitsamtes, Herr T. M. Wratislaw theilt folgende Bilanz mit:

„Der Bruttoertrag der Rieselfarm betrug für das Jahr 544 £ 16 s. 8 d. (6356 fl. 36 kr.); die Gesammtausgaben (mit Einschluss des Lohnes) belaufen sich, soweit die Zahlungen geleistet worden sind, auf 458 £ 8 s. 5 d. (5348 fl. 24 kr.), und ich fürchte nicht, dass dieselben wachsen werden."

2) Banbury, 11,000 Personen.

Das Kanalwasser wird mittelst Dampfkraft 1,6 Km. weit oder noch weiter auf den höchst gelegenen Theil einer Farm von

136 acres (55 HA.) gedrückt. Das Grundstück ist auf 21 Jahre zu 4 £ 10 s. pro acre (130 fl. pro HA.) gepachtet worden.

„Das Kanalwasser von Banbury geht zuweilen weit über den durchschnittlichen Konzentrationsgrad hinaus, weil die Stadt eine mangelhafte Wasserversorgung hat; die Reinigung ist in Folge dessen um so schwieriger. Trotzdem sind die Resultate keineswegs unbefriedigend, und sie werden sowohl in Bezug auf die Reinheit des abfliessenden Wassers, als auf die Erträge der Rieselfelder sich immer günstiger gestalten."

Der Stadtsekretär, Herr T. Pain gibt als Bilanz:

Gesammteinnahmen 1280 £ 7 s. 10 d. (14,938 fl. 18 kr.) Gesammtausgaben (incl. Pacht) 1190 £ 13 s. 1 d. (13,891 fl. 21 kr.) Gewinn auf der Farm also 89 £ 14 s. 9 d. (1046 fl. 57 kr.), während die Verzinsung und Amortisation der zu Berieselungszwecken aufgenommenen Anleihe von 4000 £ (ca. 46,670 fl.) jährlich 250 £ (2916 fl. 45 kr.) erfordert.

3) Worthing, 8000 Einwohner, hat früher einen Stromlauf verunreinigt, der sich 3 Km. ostwärts davon in das Meer ergiesst. Die Kanäle der Stadt münden jetzt in ein Bassin, aus welchem ihr Inhalt in derselben Weise wie ehemals abgelassen werden kann, und in der Nacht wirklich abgelassen wird. Es gelangt daher immer noch ein nicht kleiner Theil sehr bedenklicher Unreinigkeit in den Fluss. Während des Tages wird das Kanalwasser durch Pumpen gehoben und. fliesst über etwa 100 acres (40 HA.) zur Berieselung hergerichtetes Land.

„Das Kanalwasser, welches zur Zeit unseres Besuches etwas verdünnt war, wurde schon auf dem ersten Stück Land genügend gereinigt."

Herr W. Hugh Dennet, der Anwalt der Gesellschaft, welche die Ueberrieselung unternommen hat, hat die folgende Berechnung mitgetheilt, welche die Einnahmen und Ausgaben der Rieselfarm für das Jahr 1869 im Grossen und Ganzen angibt:

Einnahmen 1807 £ 4 s. 9 d. (21,085 fl.). Ausgaben 1045 £ 6 s. 9 d. (12,196 fl.). Gewinn 761 £ 18 s. (8,889 fl.).

Leider sind keine Angaben vorhanden, aus denen auf die Höhe der Rentabilität geschlossen werden könnte.

4) Bedford, 15,000 Einwohner. Während der Nacht wird das dann von den Kanälen geführte, verhältnissmässig reine Wasser in das Bassin und den Auslasskanal bei der Pumpstation geschafft; bei Tage wird der Kanalinhalt durch ein 18" Eisenrohr 400—500 yards (360—455 m.) weit bis zu dem Rieselland gedrückt, welches auf 55 acres (22 HA.) zu 4 £ 10 s. Pacht (130 fl. pro HA.) angelegt wurde.

„Das Unternehmen zeigt sich hier in sanitarer Hinsicht genügend, und die schliessliche Ertragsfähigkeit erscheint wahrscheinlich, wenn nach dem Aussehen der auf dem Lande wachsenden Früchte geurtheilt werden darf."

Herr John Lawson gibt an: Gesammteinnahmen pro 1869 647 £ 10 s. 4 d. (7554 fl. 36 kr.). Gesammtausgaben (incl. Pacht) 580 £ 4 s. 2 d. (6769 fl. 18 kr.). Gewinn also 67 £ 6 s. 2 d. (785 fl. 18 kr.) Auch hier ist eine Rentabilitätsberechnung nicht möglich.

5) Norwood, 4000 Personen. Das Kanalwasser wird durch das natürliche Gefäll auf die Rieselfelder gebracht, für welche 30 acres (12 HA.) zu 10 £ (288 fl. pro HA.) gepachtet sind. Die Untersuchungen zeigten, dass die abfliessenden Rieselwässer mit Ausnahme weniger Fälle selbst auf dem dortigen schweren Thonboden so weit gereinigt waren, dass man sie ohne Furcht vor Herbeiführung von öffentlichen Schäden in das fliessende Wasser einströmen lassen konnte.

Herr Baldwin Latham hat den folgenden Bericht veröffentlicht: Gesammteinnahme 741 £ — s. 6 d. (8645 fl. 18 kr.) Gesammtausgabe (incl. Pacht) 592 £ 14 s. 9 d. (6915 fl. 16 kr.) Gewinn 148 £ 5 s. 9 d. (1730 fl. 2 kr.).

Eine Rentabilitätsberechnung ist ebenfalls nicht möglich.

6) Croydon, 30,000 — 40,000 Personen. Das Wasser fliesst durch natürliches Gefäll auf 260 acres (104 HA.) Wiesen, welche sich im Besitz des Herrn Mariage befinden. Derselbe muss die Kosten decken, welche dem Gesundheitsamt aus der Pachtung oder aus dem Ankauf des Landes erwachsen sind, und muss ausserdem 1 £ pro Acre und Jahr (28 fl. 48 kr. pro HA.) für die Benützung des Kanalwassers zahlen.

„Die zahlreichen Analysen beweisen, dass das Kanalwasser von Croydon in weit gründlicherer Weise gereinigt wird, als das von Norwood. Nur in einem Falle während des ganzen Jahres, am 12. August 1869 hat das Abflusswasser in etwas unbefriedigendem Zustande die Farm verlassen."

Aus dem Gesagten lässt sich ein Gewinn von 260 £ (3030 fl.) berechnen, während eine Rentabilitätsberechnung wieder nicht möglich ist.

Jedenfalls kommt man nach all diesen Angaben zu der Überzeugung, dass die höchsten erzielten Erträge ungefähr hinreichen, die auf die Rieselungsanlagen verwendeten Kapitalien zu verzinsen, dass aber von einem irgend erheblichen Überschuss, welcher einer Verwerthung des Kanalwassers entspräche, nirgends die Rede ist. Die Kommission legt auch auf das erzielte Resultat nur insofern Gewicht, als den sanitaren Forderungen an die Reinigung des Hauswassers Genüge geschieht. Sie liefert denn auch im Anschluss an die Berichte von den einzelnen Anlagen den Nachweis, dass die Rieselungs-Anlagen für die Gesundheit der umliegenden Bewohner unschädlich seien, doch gelingt es ihr nicht, die Behauptung ganz zu entkräften, dass die Rieselfelder einen unangenehmen Geruch verbreiten, wenn sie auch die Belege dafür beibringt, dass derselbe nicht gerade lästig sei.

Doch ist von anderer Seite die Unschädlichkeit der Berieselung noch keineswegs zugestanden, wie denn neuerdings nach dem Bericht des Dr. R. Biedermann in Heft 4 des Centralblatts für Agrikulturchemie 1872, Dr. J. Spencer Cobbold behauptet, dass aus der allgemeinen Einführung der Berieselung mit den Cloakenstoffen die Wahrscheinlichkeit, wenn nicht Gewissheit, einer raschen Zunahme von Parasiten unter Menschen und Thieren entstehe. (Einzelne Fälle werden angeführt). — Besonders gross soll die Übertragung von Finnen sein, da die Bandwürmer höchst unempfindlich gegen Trockenheit und Kälte sind und sich besonders leich in unreinem Wasser entwickeln; ebenso unempfindlich seien die Embryonen von Ascariden.

Wenn nun die in dem englischen Berichte niedergelegten Untersuchungen auch eines der Hauptbedenken gegen das Schwemmsystem, den Verbleib des Kanalwassers beseitigt haben sollten, so ist damit noch nicht Alles geschehen.

Die Gegner des Systems haben allerlei Bedenken erhoben, welche hier ebenfalls aufgeführt werden sollen.

In erster Linie kommen die Landwirthe, welche den Vorwurf erheben, durch das Schwemmsystem werden die für sie unentbehrlichen Excremente ohne Nutzen verschleudert, und eine allgemeine Verarmung als dessen Folge prophezeien. In gewissem Masse haben sie gewiss Recht, wenn auch zugegeben werden muss, dass sie die Sache bedeutend übertreiben. Bis daher konnte man von dem grossen Werth der Excremente für die Landwirthe wenig genug wahrnehmen, da mit wenig Ausnahmen der Stadtbewohner für das Abholen seiner Excremente durch den Landwirth bezahlen musste. Gewiss ist die durch die Aufspeicherung in den Gruben geringe gewordene Qualität der Excremente eine Ursache davon, aber doch ist kaum zu erwarten, dass der Landwirth irgend ein Mal den behaupteten Werth der Excremente in klingender Münze realisire. Es ist also sehr begreiflich, dass die Stadtbewohner diesen Vorwurf nicht beachten bei der Wahl der von ihnen zu treffenden Einrichtungen, die Excremente aus der Stadt zu bringen.

Ein zweiter, schwerer wiegender Vorwurf gegen das Schwemmsystem ist der, dass es nicht möglich sei, die Kanäle und Röhren vollkommen dicht herzustellen, so dass durch das System der Inficirung des Bodens, welche man bei den Abtrittgruben doch als so schädlich darstellte, keineswegs abgeholfen werde. Ferner sollen die in den Kanälen und Röhren entstehenden schädlichen Gase durch die Abfallröhren in die Häuser, durch die Einlauf-, Einsteig- und Ventilationsschächte aber auf die Strassen entweichen können, so dass der Verbreitung ansteckender Krankheiten geradezu Vorschub geleistet werde.

So schlimm dies Alles klingt, wenn man die Gegner des Systems hört, so ist doch Vieles davon sehr übertrieben worden. Jedenfalls sind in neuerer Zeit die Verschlussvorrichtungen, welche das Austreten von Gasen verhindern sollen, so vervollkommnet worden, dass von dieser Seite nicht wohl etwas zu befürchten ist. Dagegen ist die Undichtheit der Kanäle allseitig zugegeben, und als einziges Auskunftsmittel erkannt worden, die Kanäle in das Grundwasser zu legen, wo dann der Druck desselben den Inhalt der Kanäle am Austreten hindert. Doch erscheint dies Mittel immerhin noch bedenklich, da an allen Orten konstatirt wurde, dass durch die Kanäle das Grundwasser gesenkt wird, so dass nach einer gewissen Zeit die Kanäle doch über dem Grundwasser liegen und ihren Inhalt dem Erdreich mittheilen werden.

Rud. Virchow sagt hierüber in „die Kanalisation von Berlin": „Die Durchdringlichkeit der Kanalwandungen ist überall zugestanden. Am meisten habe ich mich davon bei einer Begehung der eben im Bau begriffenen Kanäle zu Frankfurt a. M. überzeugen können, welche ich unter Leitung des berühmten Fachtechnikers Hrn. Lindley und anderer Herren, bei Gelegenheit der letzten Naturforscher-Versammlung vornahm. Das Grundwasser drang so reichlich durch das Mauerwerk, dass sich auf der Kanalsohle ein kleiner Bach gebildet hatte, auch wo noch gar keine Einleitung auf anderen Wegen erfolgt war. Allerdings drang ein Theil des Wassers, wie es schien, durch die Steine selbst, indess war dies offenbar der geringste. Die Hauptmasse kam durch die Fugen, obgleich dieselben mit „gutem" Cement verkittet waren. Das Wasser löste einen Theil des Kalkes auf, der sich nachher als weisser, hie und da stalaktitenförmiger Absatz wieder an den Wänden niederschlug. An einzelnen Stellen hatten sich selbst kleine Vertiefungen und Löcher in den Fugen gebildet, doch schienen diese nirgend ganz durchzudringen."

Ein weiterer Vorwurf ist der des durch das Schwemmsystem bedingten ausserordentlich grossen Wasserverbrauchs. Dieser kann aber nur unter Umständen als Vorwurf gelten, wo nämlich das Wasser recht theuer ist.

Werden nun diese verschiedenen Für und Wider des Systems mit Beziehung auf Stuttgart erwogen, so stellt sich die Unmöglichkeit der Einführung desselben aus dringenden Gründen heraus.

Zuerst wird es sehr schwer halten, das erforderliche Wasser anzuschaffen, jedenfalls aber wird dasselbe sehr theuer, und der Verbrauch in Folge dessen nicht ausreichend sein, so dass für regelmässige Spülung anderweit gesorgt werden müsste, was die ganze Einrichtung wieder vertheuert und erschwert.

Noch schwieriger als die Anschaffung wird aber die Wiedergewinnung des Wassers sein. Selbstverständlich kann der Inhalt der Kanäle nicht ohne Weiteres dem Neckar übergeben werden. Nach den oben angeführten englischen Erfahrungen müssten ausgedehnte Rieselfelder erworben werden, um das Kanalwasser genügend reinigen zu können. Wo sollen aber diese gefunden werden? Wenn nicht kostbare Anlagen und Einrichtungen zum Heben des Kanalwassers gemacht werden sollen, bleibt nur der schon angeführte Vorschlag der Berieselung des Neckarthales zwischen Mettingen und Münster. Wenn man aber bedenkt, dass die beiden Kurorte Berg und Kannstatt mitten in die Rieselfelder zu liegen kämen, dass die beliebten Ausflugziele Stuttgarts, Wangen und Untertürkheim dieses Schicksal theilen würden, dass ferner alle Neckarbäder für Stuttgart eigentlich unmöglich würden, denn wenn auch das Kanalwasser in befriedigend gereinigtem Zustande in den Neckar käme, so würde doch wohl Jedermann Anstoss nehmen, darin zu baden, wenn man dies Alles bedenkt, so wird man wohl sagen dürfen, es ist unmöglich, an dieser Stelle Rieselfelder anzulegen. Ausserdem sind die betreffenden Ländereien in so gutem Culturzustand, dass ihre Erwerbung sehr schwierig sein würde.

Auf die Klagen der interessirten Landwirthe wegen des Verlustes der Excremente würde in Stuttgart sehr wenig geachtet werden, da dieselben bisher keineswegs gezeigt haben, dass sie einen Werth auf die Excremente legen, dagegen ist die Undichtheit der Kanäle ein Moment von grosser Bedeutung in einer Stadt, wo das Grundwasser erst in 4 m. Tiefe etwa beginnt, um an einzelnen Stellen selbst 12 m. bis 15 m. Tiefe zu erreichen. Es würde ganz unverhältnissmässige Kosten verursachen, die Kanäle nach Vorschrift in das Grundwasser zu legen.

Ein Hauptargument der Vertheidiger des Schwemmsystems ist, dass die Entwässerung jeder Stadt ein vollständiges Kanalnetz von derselben Beschaffenheit fordere, wie das Schwemmsystem, so dass durch seine Einführung keine wesentlichen Mehrkosten entständen. Die Tiefe des Grundwassers in Stuttgart ist wie schon gesagt, eine solche, dass eine Entwässerung im gewöhnlichen Sinne (Drainage) gar nicht nöthig ist. Es handelt sich hier nur darum, Kanäle anzulegen, welche das Haus- und Regenwasser abführen, und für eine solche Entwässerung genügt (die Keller eingeschlossen) eine Tiefe der Kanäle von 3 m. bis 5 m. unter den Strassen. Sollen aber die Excremente in dieselbe geleitet werden, so müssten sie nach dem Gesagten 5 m. bis 15 m. tief gelegt werden. Eine solche Tiefe würde die Anlage einer Pumpstation etc. erfordern, und die Grabarbeit so sehr vermehren, dass das Kanalnetz mindestens doppelt so viel kosten würde, als dasjenige zur Entwässerung.

Jedenfalls dürfte im Vorstehenden der Beweis geliefert sein, dass Stuttgart's Lage und Bodenbeschaffenheit die Einführung des Schwemmsystems absolut verbieten, und also die Wegschaffung der Excremente von der Entwässerung der Stadt getrennt geschehen muss.

Diese Wegschaffung kann nach dem bis jetzt Bekannten nur noch auf zweierlei Art geschehen, durch pneumatische Kanalisation (Erfindung des Ingenieurs Kapitän C. Liernur) oder durch direkte Abfuhr aus der Stadt.

Die pneumatische Kanalisation. System Liernur.

Über das Verfahren der pneumatischen Kanalisation, nach dem System Liernur's ist viel gestritten worden, und auch in hiesigen Blättern schon vollständig absprechend geurtheilt worden. Das Neueste, was darüber bekannt geworden, ist wohl in dem „General-Bericht über die Arbeiten der städtischen gemischten Deputation für die Untersuchung der auf die Kanalisation und Abfuhr bezüglichen Fragen, erstattet von Rud. Virchow, Mitgliede der Stadtverordneten-Versammlung" enthalten (General-Titel: Reinigung und Entwässerung Berlins. 1873) und sollen desshalb die einschlägigen Sätze pag. 89 u. ff. nachstehend aufgeführt werden:

„Was die pneumatischen Abfuhrsysteme betrifft, so hat die Deputation sich lange Zeit mit demjenigen beschäftigt, welches gegenwärtig wohl als das vollkommenste angesehen werden muss, nämlich dem des Capitän Liernur. Die gewöhnlichen und früher gebräuchlichen Einrichtungen waren vorzugsweise auf die geruchlose Entleerung von Abtrittsgruben gerichtet. Wenn letztere, wie selbstverständlich, überhaupt aufhören, so würde die nächste Möglichkeit die sein, die Fallröhren der Abtritte in ein vollständig geschlossenes und durchaus wasserdichtes Sammelgeräth (Reservoir) zu leiten. Da gemauerte, selbst cementirte Gruben bei stagnirendem Inhalt niemals auf die Dauer vollständig dicht bleiben, so könnte wohl nur an ein eisernes Gefäss, einen grossen Eisenkasten, gedacht werden, wie ihn auch Herr Liernur einrichtet. Während letzterer jedoch den Sammelkasten in der Regel auf die Strasse setzt und mehrere, ja viele Häuser auf einen einzigen solchen Kasten anweist, so denken die Vertreter der älteren Einrichtung, die man nicht füglich als ein System bezeichnen kann, nur daran, den Hauskasten, sobald er mehr oder weniger gefüllt ist, durch einen Schlauch mit einem auf einem Wagen befindlichen eisernen Cylinder oder grossen Fasse in Verbindung zu setzen und den Inhalt des Hauskastens in den Cylinder oder das Fass zu pumpen. Gegen dieses Auspumpen lässt sich nichts weiter einwenden, als dass es ein Eindringen der Arbeiter in das Haus selbst und damit manche lästige Störung voraussetzt, wenn man nicht, wie Seitens der Gesellschaft Ceres in Stettin geschehen ist, von dem Sammelkasten aus noch ein eisernes Rohr bis an die Strassengrenze des Gebäudes leitet, und hier erst den Schlauch anschraubt. Um so mehr dagegen muss gegen die Zuträglichkeit der Einrichtung eines Hauskastens gesagt werden. Nicht nur sind dabei die schmutzigen Fallröhren unvermeidlich, sondern es wird auch im Hause selbst ein Herd der widerlichsten Zersetzungen geschaffen. Das einzige Correktiv dagegen, eine sehr häufige, z. B. eine tägliche Entleerung der Hauskästen kann der grossen Kosten wegen kaum in Aussicht genommen werden.

„Herr Liernur vermeidet die Mehrzahl dieser Bedenken. Nach seinem System liegt der Sammelkasten, der, wie gesagt, zugleich mehreren, ja eigentlich vielen Häusern dienen soll, auf der Strasse. Er ist also zugänglich, ohne dass ein Betreten der Häuser nöthig ist, und es ist wenigstens nicht durchaus unzulässig, dass die Entleerung der Sammelkästen bei Tage stattfinde, was bei der Entleerung der Hauskästen innerhalb des Gebäudes doch kaum zugelassen werden möchte. Die Verbindung der einzelnen Abtrittssitze mit dem Sammelkasten geschieht ferner nicht durch offene Fallröhren, sondern durch schräg verlaufende Röhren mit einem S förmig gebogenen Anfangsstück (Siphon), welches durch die zuletzt entleerten Excremente geschlossen wird, so dass für gewöhnlich die Gase des Sammelkastens und der Zuleitungsröhren nicht zurückströmen können. Die neu in den Abtrittstrichter gelangenden Fäkalmassen drängen die in dem Siphon schon enthaltenen in die Leitungsröhren, in welchen sie durch ihre Schwere fortgleiten, so jedoch, dass sie auch hier wieder mehrfach durch siphonartige Biegungen oder Kniee aufgehalten werden und ein mehrfacher Verschluss der Leitung zu Stande kommt. Sämmtliche Leitungsröhren eines Hauses vereinigen sich schliesslich zu einer einzigen, welche in das Sammelgefäss mündet, und hier noch wieder durch einen Siphon und ein darin spielendes Kugelventil (Ballklappe) geschützt und durch einen Hahn abschliessbar ist. In den Röhren sind ferner noch Trägheitsklappen angebracht, um den Rückstrom der Gase zu hindern und die Seitenröhren abzuschliessen.

„Wird nun in dem Sammelkasten durch eine Lokomobile oder, wie Herr Liernur neuerlich will, durch eine stehende Dampfmaschine ein luftleerer Raum erzeugt, so werden die in den Zuleitungsröhren enthaltenen Stoffe in den Kasten eingesogen, sobald der Hahn, welcher diese Röhren schliesst, geöffnet wird. Aus dem Sammelkasten aber wird die Fäkalmasse entleert, entweder durch eine einfache Saugpumpe oder durch einen in ähnlicher Weise luftleer gemachten eisernen Cylinder, der auf dem Abfuhrwagen (Tender) ruht, und der durch einen Schlauch mit dem Sammelkasten in Verbindung gesetzt wird.

„Gegen dieses System hat sich von Anfang an die Opposition der Techniker erhoben. Vom sanitären Standpunkt aus ist nur ein einziger Punkt bedenklich: Der mangelhafte, um nicht sofort zu sagen, unzulässige Verschluss des am Abtrittstrichter befindlichen Siphon. Wo das Watercloset seinen Wasserverschluss besitzt und damit die reinlichste und zugleich sicherste Art des

Verschlusses bietet, da hat das pneumatische Closet einen Koth verschluss. Der zuletzt gefallene Koth und Harn sollen Sicherheit gewähren gegen den Rückstrom der stinkenden Gase aus den Zweig- und Sammelröhren. Dass damit in der Verschlussmasse selbst ein neues Element der Verunreinigung der Luft eingeführt wird, liegt auf der Hand; auch darf man nicht übersehen, dass auch die Beschmutzung des Einfalltrichters nicht vermieden werden kann und dass eine häufigere Wasserspülung nicht zulässig ist, da sonst die Masse des abzufahrenden Materials zu gross und die Kothmasse für den landwirthschaftlichen Gebrauch zu sehr verdünnt werden würde.

„Herr Liernur hat in Folge der vielen Vorwürfe, welche diesem Theil seines Systems entgegengestellt worden sind, der Verbesserung des Anfangstheiles seiner Leitungen alle Sorgfalt gewidmet, und es lässt sich nicht verkennen, dass er seit der Zeit, wo er seine ersten noch sehr embryonalen Einrichtungen in Prag ausführte, bis zu seinen neuesten Anlagen in Amsterdam und Leiden, grosse Fortschritte gemacht hat. Insbesondere hat er die Form des Einfalltrichters wesentlich verbessert und den letzteren durch ein besonderes Ventilationsrohr mit dem Dache in Verbindung gebracht. Trotzdem bleibt der Kothverschluss sanitär und ästhetisch die eigentliche Schattenseite des Systems. Die Ventilation arbeitet im Sommer und bei gewissen Windrichtungen schlecht, oder der Strom kehrt sich gar um; wenn sie arbeitet, so verschlechtert sie die Luft über dem Hause, die doch zuletzt dem Hause selbst oder den Nachbarhäusern wieder zugeführt wird.*) Freilich geschieht diese Verunreinigung nicht in der

---

*) Ein eigenthümlicher Einwand von einem Vertreter des Schwemmsystems, Pag. 146 und 147, von den Ventilations-Einrichtungen der Schwemmkanäle, sagt derselbe:

„Es ist diess einer der Punkte, welchem die Deputation ihre besondere Aufmerksamkeit zugewendet hat, da bekanntlich gerade von dem Aufsteigen der Kanalluft die grössten Gefahren befürchtet worden sind. Der aufgestellte Plan verlegt die Ventilationsöffnungen auf die Strasse und

Ausdehnung, wie bei dem Tonnensystem, insofern nur die kleine (10 Centimeter im Durchmesser haltende) Fläche des Kothverschlusses ihre Gase abgibt, indess haben nach den Berichten zuverlässiger Zeugen doch auch die neuesten Ausführungen in Holland sich nicht als völlig geruchlos erwiesen. Nur das Rückströmen der Gase aus den Zweig- und Sammelröhren in den Closetraum, wie es von den Delegirten unserer Deputation noch in Hanau konstatirt wurde, scheint jetzt ziemlich vermieden zu sein.

„Sehr viel grösser, als die sanitären Bedenken, waren jedoch die technischen Einwendungen. Alle von der Deputation zu Rathe gezogenen Sachverständigen, sowohl die städtischen Baubeamten, als namentlich die Herren Oberbaurath Koch und Geh. Rath Reulaux waren der Meinung, dass das System nicht leisten könne, was es verspreche. Es wurde auf dem Wege der Rechnung nachgewiesen, dass das durch die Luftpumpe bewirkte Vakuum, welches nicht einmal vollständig sei, und daher keinen Atmosphärendruck leiste, für die Entleerung langer Rohrleitungen zu schwach sei, dass ferner das System verzweigter Röhren eine sichere Räumung aller Zweigröhren durch das Aussaugen des Sammelkastens ausschliesse, insofern die durch die

---

zwar an die Strassenkreuzungen, ... Der Gedanke, die vom Dache herabsteigenden Regenrinnen mit den Hausleitungen zu verbinden und dadurch eine bis zum Dache heraufgehende Ventilation herbeizuführen, wurde nicht zurückgewiesen, aber man erkannte, dass an heisseren Tagen diese Ventilation wahrscheinlich nicht sehr wirksam sein werde. Überdies erschien es nicht gerade unbedenklich, die etwa gebildeten schädlichen Gase in grösserer Menge den oberen Stockwerken zuzuführen. Man blieb daher bei den Strassenöffnungen stehen, hielt aber dafür, dass Versuche mit Kohlenkästen, beziehungsweise mit Kohle, die mit Carbolsäure befeuchtet sei, angestellt werden sollten, um den Grad der auf diese Weise zu erzielenden Desinfection kennen zu lernen. Hauptsächlich hoffte man aber, dass bei einer geordneten Kanalisation die Ableitung der unreinen Stoffe so schnell erfolgen müsse, um jede Zersetzung zu vermeiden."

Die Haupt-Einrichtung zur Ventilation also eine Hoffnung!

A. d. V.

Abtrittstrichter einströmende Luft sich stets die bequemsten, also die am wenigsten geschlossenen Zugänge suche und die stärker gefüllten vermeide, dass endlich auch die Kugelverschlüsse und Trägheitsklappen nicht gehörig wirken würden, da sie weder unter allen Umständen einen sichern Verschluss bilden, noch stets und regelmässig sich öffnen würden. Der Kraftverlust in den Röhren sei zu gross, und manche Zweigröhren würden nur ganz unvollkommen entleert werden. Überdiess sei die Einrichtung zu komplicirt und zu vielen Unterbrechungen, namentlich durch das Hineingelangen fester Körper ausgesetzt, als dass man sich für sie entscheiden könne.

„Herr Liernur war nicht im Stande, das Gewicht dieser Einwände theoretisch zu widerlegen. Seine Rechnungen basirten zum Theil auf unrichtigen oder willkürlichen Voraussetzungen. Wie weit sie im Einzelnen zutrafen, konnte die Deputation nicht feststellen, da ihr Ersuchen, eine Entscheidung der technischen Deputation im Handelsministerium herbeizuführen, von dem Herrn Ressortminister abgeschlagen wurde. Auch der Versuch des Herrn Liernur, seine Methode an einem Modell mit Glasröhren zu demonstriren, fiel nicht in jeder Beziehung günstig aus. Praktisch war aber das, was er wollte, trotz der zahlreichen Versicherungen seiner Anhänger nirgends ausgeführt . . . . . .

„Die Deputation konnte sich in ihrer weit überwiegenden Mehrheit der Ueberzeugung nicht verschliessen, dass das Liernur'sche System finanziell noch sehr viel ungünstiger sei, als das einfache Tonnensystem. Wenn es vor diesem den Vorzug hat, dass es die Einwohner weniger belästigt, da alle wesentlichen Operationen ausserhalb des Hauses vor sich gehen, so bringt es zugleich eine Umständlichkeit der Operationen mit sich, welche das Tonnensystem nicht kennt. Die Fäkalstoffe müssen nämlich nicht nur zuerst aus den Hausröhren in den Sammelkasten und sodann aus diesem in den Tender gepumpt werden, sondern sie werden dann erst wieder in ein besonderes Umfüllungshaus gefahren, hier aus dem Tender in den Umfüllungsapparat gepumpt und erst aus diesem in die zum Versandt bestimmten Petroleumfässer gefüllt. Erst nach diesem umständlichen und verhältnissmässig kostspieligen Verfahren sind sie so weit, wie die Tonnen in dem Augenblicke, wo man sie aus dem Hause nimmt. Dann erst kann der eigentliche Transport auf's Land und die landwirthschaftliche Verwerthung beginnen."

"So ausführlich dieser Bericht auf den ersten Blick erscheint, so liefert er doch wenig unbestreitbare Thatsachen, und es ist im Interesse der Sache sehr zu bedauern, dass die schon gefasste Idee, den Kapitän Liernur einen praktischen Versuch seiner Anlagen in Berlin machen zu lassen, wieder aufgegeben wurde. Wenn man noch erwägt, dass andererseits für die Anlage von Versuchs-Rieselanlagen erhebliche Ausgaben gemacht wurden, um darüber mehrjährige Beobachtungen machen zu können, trotzdem in England ausgedehnte Gelegenheit zu solchen Beobachtungen gegeben war, so kann man sich kaum des Gedankens erwehren, es hätten in Berlin noch andere als rein sachliche Gründe dem Kapitän Liernur entgegengewirkt.

Das System beruht jedenfalls auf richtigen Hauptprincipien, als welche die möglichst rasche, für den Bewohner bequeme und der Gesundheit zuträgliche Entfernung der Fäkalstoffe bezeichnet werden müssen. Doch scheint es noch nicht diejenige Vollkommenheit erlangt zu haben, welche seine sofortige allgemeine Einführung empfehlen würde. Wenn es aber gelingt, und es dürfte dies nur eine Frage der Zeit sein, die ihm anhaftenden Unvollkommenheiten, namentlich die Umständlichkeit des Umfüllens und das zu schwache Vakuum, zu beseitigen, so wird dasselbe die für Stuttgart beste mögliche Lösung der Aufgabe bieten, die Anforderungen aller Betheiligten zu befriedigen.

Die theoretischen Beweise gegen das System werden dasselbe wenig schädigen, denn wenn dem Erfinder desselben der Vorwurf unrichtiger und willkürlicher Voraussetzungen gemacht wird, so muss doch zugegeben werden, dass dasselbe ohne mancherlei vielleicht ebenso irrige Voraussetzungen auch nicht geprüft werden kann, und nur die praktische Ausführung wird zeigen können, welche Voraussetzungen und Annahmen die richtigen sind.

Gewiss darf also der Versuch einer solchen Anlage Liernur's in Stuttgart dringend empfohlen werden, um so mehr, da die Ausgaben für eine, in zur Beobachtung immerhin genügendem Maasstab, getroffene Einrichtung nicht gross sind. Mit einigen tausend Gulden lässt sich schon manches erreichen, und selbst wenn der Versuch gänzlich misslingen sollte, würde der Verlust durch den Werth der Materialien grossentheils wieder gedeckt werden.

Immerhin aber stehen einer augenblicklichen Einführung des Liernur'schen Systems viele Bedenken im Wege, und in Stuttgart mit seiner rapiden Erweiterung nach allen Seiten wird es stets Häuser und Quartiere geben, wo dasselbe als zu kostspielig nicht wird angewendet werden können.

Es wird sich also noch um Untersuchuug des Abfuhr-Systems handeln, wobei aus den im Anfang gegebenen Gründen vorausgesetzt ist, dass die Abtrittgruben vollständig beseitigt werden.

Es gibt nun nur noch ein System, welches allgemein einführbar ist und den Anforderungen an Gesundheit, Reinlichkeit und Bequemlichkeit entspricht. Es ist diess das

Tonnnensystem.
(System der *Fosses mobiles*.).

Es erscheint nöthig, die Betrachtung dieses Systems mit der Berichtigung der darüber herrschenden Ansichten zu beginnen, da selbst in dem eben citirten „General-Bericht" bei all seiner Gründlichkeit über ein Tonnensystem referirt wird, welches durchaus nicht zu den empfehlenswerthen gerechnet werden darf.

Herr Virchow sagt darin zwar:

„Das Tonnensystem ist der städtischen Verwaltung hinreichend bekannt, da es in einer Reihe städtischer Anstalten, namentlich in Schulen, im Gebrauche ist," widerlegt aber diesen Ausspruch sehr gründlich durch Ausführungen wie folgende:

„Natürlich wird man kein Tonnensystem erfinden können, bei dem aller Harn in Tonnen gesammelt und abgefahren wird. Die Kosten dafür würden an sich unerhört sein. Ein sehr beträchtlicher, ja wahrscheinlich der beträchtlichste Theil des Harns wird unter allen Bedingungen in die Strassenkanäle gelangen; man kann ihn gar nicht abhalten. Aber es wird freilich immer noch genug übrig bleiben, um in den Tonnen die Gährung der Fäkalstoffe einzuleiten und zu fördern.

„Soll nun eine solche Tonne eine Woche lang im Hause oder gar in der Wohnung bleiben, so ist nur durch eine Desinfection zu helfen. . . . ."

und weiter unten:

„Es kommt aber noch eine andere grosse Unbequemlichkeit hinzu. Es kann unmöglich gestattet werden, dass die Abfallröhren aus den verschiedenen Stockwerken, ohne gespült oder sonstwie gereinigt zu werden, in eine einzige Sammeltonne, die etwa im Keller steht, einmünden. Abgesehen von der grossen Kalamität, welche bei einer solchen Einrichtung thatsächlich nicht ganz selten vorkommt, dass gelegentlich das Fass im Keller sich früher füllt, als man erwartet hatte, und endlich überläuft, — ist die zunehmende Verunreinigung der Abfallröhren ganz unvermeidlich; diese Röhren werden dann Herde der Verpestung für das Haus. Allerdings gibt es eine Art der Ventilation, die von d'Arcet, wo ein absteigender Luftstrom durch die Closetlöcher und die Abfallröhren in den Keller geleitet und von hier aufsteigend in einen bis über das Dach hinaus mündenden Schornstein oder Ventilationsschacht geführt wird. Ein solcher Strom trocknet die Röhren und selbst einen Theil des Fassinhaltes aus, und der Zustand der Luft im Hause kann dabei ganz befriedigend sein. Aber wenn jedes Haus in Berlin eine solche Einrichtung hätte, so würde sich bald eine allgemeine Klage über die allgemeine Verschlechterung der Luft bemerkbar machen, und diejenigen, welche jetzt schon alles Unheil von der aus den Ventilationsschächten der zukünftigen Strassenkanäle aufsteigenden Luft erwarten, würden sich gewiss mit weit mehr Recht gegen eine solche allgemeine Verpestung der Atmosphäre erheben.

„Daher muss von Anfang an gefordert werden, dass **mit der Einführung eines Tonnensystems obligatorisch die Einrichtung von entsprechenden, mit Tonnen versehenen Abtritten in jeder Etage und in jeder Haushaltung vorgeschrieben wird.** . . . ."

Nach der Ansicht des Herrn Virchow würde also ein „korrektes" Tonnensystem darin bestehen, dass in jedem Stockwerk jede Familie eine Art Nachtstuhl aufstellen würde, ein Vorschlag, der wohl nur in Berlin ernstlich gemacht werden konnte, wo in Ermangelung eines Besseren sich allerdings diese Einrichtung in kleinerem Massstabe in manchen Häusern befindet.

Es scheint nach dieser Schilderung des Tonnensystems beinahe, als ob die Studien darüber in nicht sehr erschöpfender Weise gemacht worden wären, wenigstens ist mit Sicherheit anzunehmen, dass die neueren Einrichtungen von Tonnensystemen, beispielsweise in Heidelberg,*) der Deputation unbekannt geblieben sind. Ausserdem widerspricht sich die Darstellung selbst. In welcher Weise soll denn z. B. bei den in den einzelnen Stockwerken aufgestellten Tonnen ein Verlorengehen von Urin vorkommen, welchen man doch „gar nicht abhalten kann", zum grossen Theil in die Strassenkanäle zu gelangen.

Die einzige Bemerkung, welche ernstliche Widerlegung for-

---

*) Die Reinigung und Entwässerung der Stadt Heidelberg etc. Dr. Karl Mittermaier.

dert, ist diejenige von der Verschlechterung der Luft durch die d'Arcet'sche Ventilation der Abfallröhren.

Pag. 149 sagt Virchow:

„Wenn in einer geschlossenen Rohrleitung, welche durch mehrere Etagen reicht, ein schnelles Fallen des Wassers stattfindet, so geschieht es nicht selten, dass durch Ansaugen das in den Wasserverschlüssen der niedrigeren Etagen befindliche Wasser entleert wird und so die in den Leitungsröhren enthaltene unreine Luft einen freien Ausgang in die Hausräume findet. Diess wird durch eine Verlängerung des Rohrs bis über das Dach hinaus sicher vermieden.

„Dagegen hält die Deputation es nicht für empfehlenswerth, dieses Entlüftungsrohr in den Schornstein oder das Wrasenrohr zu führen, weil in diesen nicht ganz selten, z. B. bei starkem Winddruck oder brennender Sonnenhitze, ein rückgängiger Strom entsteht und durch die Kommunikation verschiedener Entlüftungsröhren die Gefahr gegeben wird, dass unreine Luft aus der einen Etage den anderen zugeführt wird. Es wurde daher beschlossen, dahin zu wirken, dass die Mündung des Ventilationsrohres jedesmal in freier Luft liegen müsse."

Was wird aber geschehen, wenn in dem sogenannten „Ventilationsrohr" — „nicht ganz selten, z. B. bei starkem Winddruck oder brennender Sonnenhitze ein rückläufiger Strom entsteht", wenn zufällig die Wasserverschlüsse entleert sind?

Von einer „Ventilation" der Abfallröhren des Schwemmsystems ist also nach der Ansicht der Deputation Nichts zu fürchten, wohl aber von derjenigen des Tonnensystems. Wenn auch eingewendet würde, dass die letztere immerwährend, die erstere nur zeitweise (beim Versagen der Wasserverschlüsse) zur Wirkung kommen, so kann dies doch die Sache nur wenig ändern, da eben die Dauer dieser zeitweisen Ventilation nicht bestimmt werden kann.

Damit ist aber auch das Bedenken, welches die Deputation

für die Verschlechterung der Atmosphäre hegt, auf seinen wahren Werth zurückgeführt; thatsächlich wird durch die allgemein eingeführte Ventilation der Abfallröhren nach d'Arcet keine solche Verschlechterung eintreten, da die schädlichen Gase in einer solchen Verdünnung aus den Ventilationsröhren treten werden, dass dieselben schon dem Rauche unserer Küchenkamine gegenüber vollständig verschwinden.

Ausserdem werden dieselben, wenn sie in die äussere Luft getreten sind, ihrer Wärme wegen stets in die Höhe steigen, und zugleich der äusseren Luft mit der horizontalen Geschwindigkeit derselben, welche bei uns wenigstens 0,6 m. per Sekunde beträgt, folgen.

Wenn endlich Virchow mit dem Hinweis auf die grosse Sterblichkeit der beiden Städte Groningen (Holland) und Graz, welche das Tonnensystem eingeführt haben, bange machen will, so ist dabei zu bemerken, dass diese beiden Städte kein Tonnensystem besitzen, welches zu empfehlen wäre, da die Tonnen dort einfach offen sind und von einer Ventilation irgend welcher Art gar keine Rede ist, so dass der Verschlechterung der Luft im Hause in keiner Weise vorgebeugt ist.

Um solche Verdächtigung des Tonnensystems von vornherein zu vermeiden, sei desshalb festgestellt, dass von einem solchen, wenn mit seiner Einführung eine wirkliche gesundheitliche Reform geschaffen werden soll, verlangt werden muss, dass ausser dem Boden und dem Wasser auch die Luft des Hauses in der wir leben, vor jeder Verunreinigung durch die Fäkalstoffe bewahrt werden muss.

Ein solches System soll im Nachfolgenden beschrieben werden, wobei der Verfasser aber weit entfernt ist, dasselbe als das vorzüglichste, welches möglich, zu empfehlen. Gewiss ist es vieler Modifikationen und Verbesserungen fähig, und werden sich solche sicher bei der Ausführung schon ergeben.

Bei der Ausarbeitung seiner Ideeen zu einem wirklichen praktischen Vorschlag ist dem Verfasser namentlich die neueste Broschüre über den behandelten Gegenstand von Dr. Vogt*) zu Statten gekommen, in welchem dieser seine Erfahrungen über Ventilation und namentlich einen Ventilationshut gibt, welcher sich mehrfach bewährt hat und seiner zweckentsprechenden Konstruktion wegen alle Empfehlung verdient.

Das einzuführende Tonnensystem fordert im Erdgeschoss der Häuser einen womöglich verschliessbaren Raum (Kammer) von in den gewöhnlichen Fällen 1,5 m. Höhe und 1,5 m. Breite und Tiefe. Sehr oft wird die alte Abtrittgrube, nachdem sie gut gereinigt und auscementirt worden, einen genügenden Raum zur Aufstellung der Tonne bieten. Jedenfalls aber wird es, im Gegensatz zu den darüber verbreiteten Meinungen, stets gelingen, einen so geringen Raum in oder an dem Hause zu schaffen, ohne grosse Kosten aufzuwenden.

Der Boden der Kammer zeigt eine der Grösse der Tonne entsprechende kreisförmige Vertiefung von ca. 0,05 m. Tiefe, welche die Aufstellung der Tonne an jedesmal derselben Stelle erzwingt.

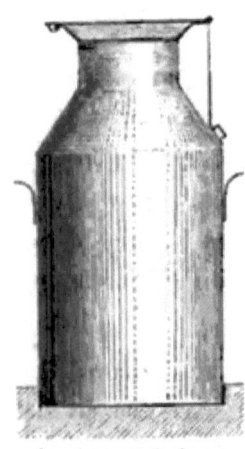

1. = der natürl. Grösse.

Die Tonne selbst, aus starkem verzinktem Eisenblech, sauber angestrichen, hat die Form und in der Regel die Dimensionen, wie sie der nebenstehende Holzschnitt zeigt. Natürlich wird sie für verschiedene Häuser verschieden gross sein können, und ist an jeder derselben Strasse und Haus-Nummer angeschrieben. Die Berechnung der nöthigen Grösse, wenn eine Wechselung zweimal in der Woche vorausgesetzt wird, geschieht sehr leicht aus der Zahl der Bewohner des Hauses, wobei zu bemerken ist, dass zwar

*) Ueber Städtereinigung und ein neues System ventilirter Latrinenfässer etc. etc. Dr. Adolf Vogt, Bern.

für eine Person täglich 3 Pfund Fäkalstoffe gerechnet werden, dass aber nach den Mittheilungen des Dr. Thudium (Report Sewage Metropolis 1864) bei Berechnung der Masse der Exkremente nur 70 % der ganzen Personenzahl genommen werden dürfen. Für ein Stuttgarter Haus ergeben sich z. B. 15 Personen. (Bei 4000 Hauptgebäuden zählt Stuttgart ca. 85,000 Einwohner, für die Berechnung der Exkremente also 85,000 × $70/100$ = 59,000 Personen, also pro Haus 15). In 3 Tagen erhielte man demnach 3. 3. 15. = 135 ℔., was ungefähr 70 Liter ausmacht. In 4 Tagen 4. 3. 15 = 180 ℔. oder ca. 90 Liter. Wird nun der Durchschnitt aus beiden mit 80 Liter und ein Zuschuss von 25 % gerechnet, so ergiebt sich ein Inhalt der Tonnen von 100 Liter oder ca. 250 ℔, was zwei Männer auf kurze Strecken tragen können.

Das Abfallrohr soll so eingerichtet werden, dass die Exkremente die Wände desselben in ihrem Falle gar nicht berühren können. Da die Höhe, von der die Exkremente herabfallen und die Richtung, in welcher sie in das Abfallrohr treten, bekannt sind, so kann die Fallweite derselben berechnet (s. Dr. Vogt a. a. O.) und dem Rohr eine solche Form gegeben werden, dass die obige Bedingung erfüllt wird. Der Querschnitt desselben wird dann anstatt kreisrund, elliptisch werden, und allerdings grosse Dimensionen annehmen können. Bei einem 3-stöckigen Hause z. B. wird die untere Weite 1,5 $^{m.}$ sein müssen, während die obere mit 0,15 $^{m.}$ bis 0,2 $^{m.}$ vollständig ausreichend bemessen ist. Diese scheinbare Verschwendung an Material rechtfertigt sich aber dadurch, dass zu solchen Fallröhren jedes Material verwendet werden kann, indem seine Wandungen eben nicht angegriffen werden. Es werden desshalb diese auch der Gesundheit entsprechendsten Röhren bedeutend billiger, etwa aus Blech, Theerleinwand etc. etc. hergestellt werden können, als kreisrunde Röhren jedes anderen Systems, welche aus widerstandsfähigem Material gemacht sein müssen.

Am untern Ende wird das Fallrohr in einem entsprechenden Trichter enden, welcher die normale Weite von 0,15 m. bis 0,2 m. wieder herstellt, welche zum Anschluss an die Tonne nöthig ist.

Diesem Anschluss ist die grösste Sorgfalt zuzuwenden. Bei den meisten der bis jetzt eingeführten Tonnensysteme ist hier der wunde Punkt der ganzen Einrichtung. Dieser Verschluss muss hermetisch und leicht zu handhaben sein, auch soll seine Instandhaltung wenig Sorgfalt erfordern, und soll er nie versagen.

Dr. Vogt a. a. O. hat eine Einrichtung erfunden, mittelst welcher die Tonne gehoben und ein an ihr befindlicher mit Guttapercha bekleideter Ring an einen eben solchen des Abfallrohrs gepresst wird. Es erscheint diess wohl entsprechend, allein sowohl die erste Einrichtung als auch der Betrieb fordern grosse Sorgfalt und Kosten. Eine zweite Einrichtung, die er vorschlägt, vermag noch weniger zu befriedigen, da der hermetische Verschluss dabei allein von Guttapercharingen abhängt, welche leicht verderben und versagen können. In Heidelberg ist ein Tonnensystem zum Theil eingeführt, welches einen einfachen Verschluss zeigt (Dr. Karl Mittermaier a. a. O.), aber an demselben Fehler noch in höherem Maasse leidet.

Dem Verfasser ist es gelungen, im Verein mit dem Ingenieur bei der Königl. württembergischen Eisenbahnbaukommission, Herrn Joseph Rätz, einen Verschluss zu konstruiren, welcher allen Ansprüchen genügen wird. Er ist ebenso einfach als dauerhaft, und ist bei seiner Herstellung besonders darauf Rücksicht genommen worden, dass die Handhabung desselben gar keine Schwierigkeit bietet, und das Auswechseln der Tonne von jedem gewöhnlichen Arbeiter ausserordentlich leicht bewerkstelligt werden kann. Dieses selbst wird in Folge dessen höchstens eine Minute dauern, so dass der Aufenthalt der Arbeiter im Hause oder am Hause nur ganz kurze Zeit dauert. Da die Erfindung dieses Verschlusses nicht werthlos erschien, so wurde deren Patentirung nachgesucht, aus welchem Grunde eine Abbildung und nähere Beschreibung vorläufig unterbleiben musste. In wenigen Wochen wird aber, nach erhaltenem Patent, die Veröffentlichung desselben erfolgen.

Ist die volle Tonne weggenommen, so ist sie hermetisch zu verschliessen. Der in der Abbildung gezeichnete Verschluss ist von Dr. Vogt (a. a. O.) und es ist auch bei ihm nicht ganz zweifellos, ob er auf die Dauer aushalten wird. In Verbindung mit dem eben berührten Verschluss wurde desshalb auch für diesen Zweck ein eigenthümlicher Verschluss entworfen, welcher bei möglichster Einfachheit der Handhabung dauernde Garantie für absolut hermetischen Verschluss bietet. Die Veröffentlichung wird s. Z. mit dem ersteren zusammen erfolgen.

In solcher Weise verschlossen, können die Tonnen jeden Transport erleiden, ohne dass dabei Unannehmlichkeiten zu befürchten wären.

Dies wird den Absatz der Stoffe sehr erleichtern, denn während das Verführen der gewöhnlichen Fässer der Bauern bei Tage mit Recht verboten und die geschlossenen Fässer der städtischen Verwaltung zu schwer für den allgemeinen Transport sind, werden diese Tonnen überallhin, sogar per Bahn transportirt werden können, und ihren unzersetzten, werthvollen Inhalt wird der Bauer sehr bald dem Inhalt der Abtrittsgruben vorziehen, wie es schon jetzt der gebildete Landwirth thut.

Der Abtritt-Sitz und -Trichter sollen so einfach als möglich konstruirt sein und ist der Vorschlag des Dr. Vogt a. a. O. sehr beachtenswerth, wonach der Trichter im Querschnitt die Eiform zeigt, wodurch ein besseres Ablaufen der Fäkalstoffe, welche in die engere Rinne fallen werden, erzielt wird. Die Rückwand des Trichters soll nach unten hin von der Vertikalen zurückweichen, um ihre Beschmutzung zu verhindern. Die Vorderwand aber soll die Richtung des Zuleitungsrohrs zum Fallrohr gerade fortsetzen, im Gegensatz zu den bauschig angeordneten Trichtern der Wasserklosette. Durch diese gerade Richtung, welche wenigstens 60° über den Horizont sich erheben soll, wird in Verbindung mit der schon erwähnten Eiform des Trichters das rasche Ablaufen der Exkremente befördert. Das Material des Trichters soll wie das der Tonne verzinktes Eisen sein, und soll derselbe frei aus dem Boden heraustreten, und nur durch 2 konsolenartige Füsse unterstützt werden.

Das Sitzbrett soll der Form des Trichters entsprechend, von polirtem Holz, und mit einem selbst schliessenden Deckel versehen sein. Die ovale Form des so angeordneten Sitzbrettes wird die Verunreinigung, z. B. durch Daraufstehen gründlich verhindern, und doch einen bequemen Sitz darbieten.

Das Zuleitungsrohr vom Trichter zum Fallrohr, ebenfalls verzinktes Eisen, kann sich dem Fallrohr in einer Kurve anschliessen, durch welche Anordnung die Fallweite der Exkremente und also die untere Weite der Fallrohre, nicht unbedeutend wird ermässigt werden können.

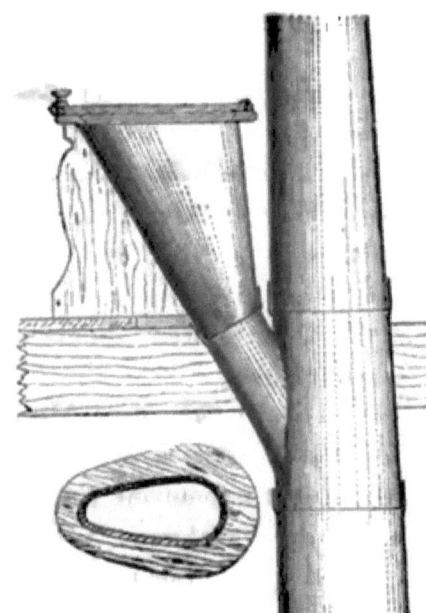

1/20 der natürl. Grösse.

Um ein Herabfliessen der klebenden Stoffe an der senkrechten, gegen den Sitz zu gekehrten Innenwand des Fallrohrs zu verhindern, soll das Zuleitungsrohr einen kleinen Vorsprung an seiner untern Seite erhalten.

Die ganze Anordnung, wie sie sich nach diesen Forderungen ergibt, ist in nebenstehender Figur im Schnitte, der Trichter mit Sitzbrett von oben gesehen, besonders dargestellt.

Es ist einleuchtend, dass durch die Anordnung der elliptischen Fallröhren, durch welche die Exkremente frei fallen, ein Vortheil erzielt wird, welchen kaum die besten Wasserkloseteinrichtungen so vollkommen erreichen, indem nämlich das Anhaften der Exkremente an den Wandungen, ihre Zersetzung und die Entwicklung schädlicher Gase, welche durch die Abtrittsöffnungen in das Haus zu dringen suchen, vermieden wird.

Es bleiben aber noch die Gase, welche in der Tonne und den Trichtern sich bilden, und durch Fallrohr und Abtrittöffnungen in das Haus zu dringen suchen werden.

Um sie daran zu verhindern, hat man mancherlei mehr oder weniger künstliche Einrichtungen getroffen, als da sind: Wasserverschlüsse durch Syphons (Stinktöpfe), Klappen mit Gegengewicht u. dgl. mehr, welche aber alle versagen können, wenn gewisse ungünstige Verhältnisse zusammentreffen. Die meisten dieser Einrichtungen sind namentlich so konstruirt, dass eine starke Abnützung und daraus folgend ein Versagen des hermetischen Verschlusses unausbleiblich sind.

In Frankreich zuerst wurde der Vorschlag gemacht, eine Ventilation der Aborte einzurichten, indem die Fallröhre mit einem sogenannten Lockkamin verbunden wird, in welchem entweder eine Gasflamme brennt oder der mit einem besonderen Heerde zur Kohlenfeuerung versehen wird.

Dieses Ventilationsverfahren (Aspiration) beruht auf dem physikalischen Gesetze, dass die atmosphärische Luft gleich jedem andern Gase durch Wärme ausgedehnt, durch Kälte zusammengezogen wird, daher bei jedem Temperaturwechsel ihr Volumen (der Raum, den sie einnimmt,) sich ändert. Wenn nun die Temperatur der Luft fällt, also ihr Volumen kleiner wird, so wächst ihre Dichtigkeit, oder, was dasselbe ist, ihr Gewicht. Sie wird dem Gesetz der Schwere zufolge im Raum sinken, weil sie schwerer geworden ist als die umgebende Luft. Umgekehrt wird die erwärmte Luft leichter als die umgebende und daher in die Höhe gedrückt.

Wenn also die Luft im Lockkamin durch die Gasflamme oder ein Kohlenfeuer erwärmt wird, so wird sie in die Höhe steigen, sobald ihre Temperatur höher geworden ist, als die der umgebenden Luft, und es wird nun die Luft im Abortfallrohr mit ihren Gasen in den Lockkamin treten, um daselbst ebenfalls erwärmt und abgeführt zu werden. Die Kosten einer solchen Ventilation würden aber nicht unbedeutend sein. (Ludwig Degen, Stadtarchitekt in München, gibt in seinem „Praktischen Handbuch für Einrichtungen der Ventilation und Heizung etc." die Kosten einer Gasflamme, welche in einer Stunde 0,04 ^{kbm} Gas verzehrt, bei 6stündlicher Brennzeit zu 28,9 Franken, also bei immerwährendem Brennen zu 115,6 Franken), und es ist desshalb das Verfahren nur selten angewendet worden.

Dr. Vogt a. a. O. hat desshalb den auch von Degen a. a. O. gemachten Vorschlag gethan, den Lockkamin, resp. Ventilationsrohr des Aborts in den Küchenkamin zu legen, so dass die sonst unbenützt entweichende Wärme desselben zur Ventilation des Abortes dient. Bei dem geringen Luftquantum, um welches es sich hier handelt, ist diese überschüssige Wärme ausreichend, um völlige Sicherheit dafür zu bieten, dass keine Gerüche in's Haus gelangen können. Das Ventilationsrohr soll vom tiefsten Punkt der Fallröhre, unmittelbar über dem Sammeltrichter, ausgehen, und von da aus in den Küchenschornstein geführt werden.

Dazu macht Dr. Vogt den beachtenswerthen Vorschlag, bei Neubauten anstatt der Backsteinwandungen für die Kamin- und Ventilationsröhren eine unverbrennliche schlechtleitende Hülle anzuwenden: „Man fasst daher einfach die einzelnen Rauchrohre der Kochherde und die Ventilationsrohre der Latrinenapparate in ein Bündel zusammen und umgibt sie mit einem hölzernen Mantel, dessen Wandungen circa 1" von ihnen abstehen, und füllt den Zwischenraum mit Holzasche aus."

Ein solches Bündel ist in nebigem Holzschnitt nach einer Zeichnung des Dr. Vogt dargestellt, worin d das Rauchrohr der Küche, cc Ventilationsrohre der Tonnen, e das Dunstrohr der Küche bedeuten. Es sei hiezu bemerkt, dass die Versuche des General Morin bewiesen haben, dass für Ventilationsröhren der rechtwinklige Querschnitt dem runden völlig gleichwerthig ist. Der weiter gegebene Holzschnitt zeigt einen „alterthümlichen Backsteinschornstein, welcher in den Kanten c und e durch Eisenplatten unterschlagen ist," worin d der besteigbare Hohlraum des Schornsteins (das Rauchrohr der Küche), c das Ventilationsrohr der Abtrittstonne, e das Dunstrohr der Küche.

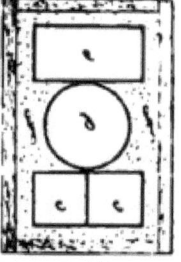

$^3/_{20}$ der natürl. Grösse.

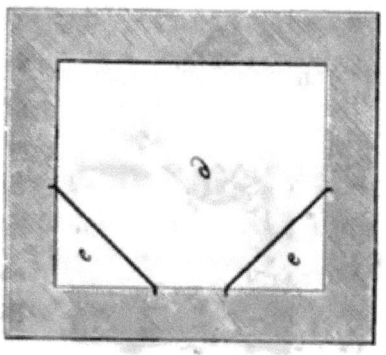

$1/_{20}$ der natürl. Grösse.

Trotzdem die Dunstrohre e der Küche eigentlich nicht hieher gehören, hat der Verfasser doch geglaubt, sie aufnehmen zu müssen, weil mit ihnen entschieden einem Bedürfniss abgeholfen wird. Dieselben setzen natürlich eine entsprechende Zufuhr reiner Luft für die Küche voraus.

Zur besseren Ausnützung der vorhandenen Wärme müssen Rauch- und Dunstrohr der Küche während des Nichtgebrauchs hermetisch verschlossen sein, damit sie ihre Temperatur möglichst erhalten.

Endlich sind noch die Ausmündungen der verschiedenen Rohre vor den Einflüssen der Witterung: Regen, Sonnenschein und Wind zu sichern, wozu Kaminaufsätze nöthig sind. Es gibt deren eine ganze Menge von z. Th. den sonderbarsten Konstruktionen. Gerne unterschreibt der Verfasser die Äusserung des

Dr. Vogt a. a. O. pag. 62,*) wo er feste Kaminaufsätze allein empfiehlt.

Dr. Vogt hat einen solchen Aufsatz konstruirt, welcher vom Verfasser auf Grund von Versuchen, die mit einem Modell angestellt wurden, bestens empfohlen werden kann. Die Versuche haben gezeigt, dass wirklich, wie der Erfinder verspricht, der Kaminhut des Dr. Vogt „neben seiner Schutzkraft gegen konträre Windrichtungen noch eine gewisse Aspirationskraft für die eingeschlossene Luftsäule entwickelt." Dagegen ist die Hoffnung des Erfinders wohl allzu sanguinisch, dass der Hut „bei Abwesenheit jeglicher Wärmequelle zur Ventilation der Latrinen für sich allein Anwendung finden kann."

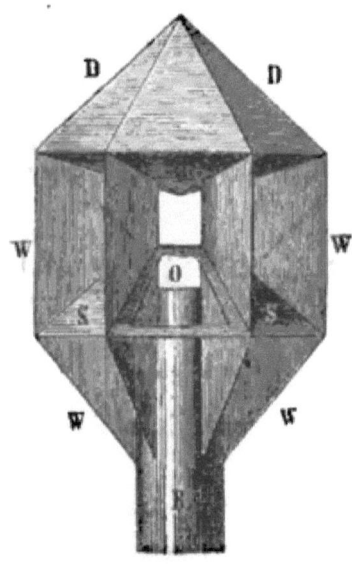

Dieser von Dr. Vogt konstruirte fixe Kaminhut ist nebenstehend abgebildet, und ist er so einfach, dass seine Herstellung nirgends Schwierigkeiten bereiten kann.

Die Maasse können der Zeichnung entnommen werden, und ist der Deutlichkeit halber aus der untern sechsseitigen Pyramide ein Stück herausgeschnitten gedacht, doch dürfte die Beschreibung des Erfinders nicht unnöthig erscheinen:

„Stellt R das Kamin- oder Schornsteinrohr dar, D das Dach, welches.

---

*) Pag. 62 sagt er nämlich: „Von diesen mehr oder minder ingeniösen Apparaten sind vor Allem diejenigen als unpraktisch zu bezeichnen, welche auf einem drehbaren Mechanismus beruhen. Auf der einen Seite gehört schon eine gewisse Kraft der Luftströmung dazu, um sie zu drehen, so dass sie bei schwachen konträren Strömungen geradezu störend wirken; und auf der andern Seite ist jeder solcher Drehapparat zu wenig wetterfest, um nicht bald seine Funktionen einzustellen. Also nur fixe Kaminhüte verdienen empfohlen zu werden, . . ."

dreimal so breit als das Kaminrohr ist und aus einer sechsseitigen Doppelpyramide besteht. Die obere steilere Pyramide dient zum Ablauf des Regenwassers, während die untere niedere Pyramide den Zweck hat, der aufsteigenden Rauchsäule schiefe Ebenen zum leichteren Abgleiten nach Aussen zu bieten. Dach und Rohr sind durch sechs senkrechte Scheidewände WWW mit einander verbunden; dieselben stehen auf den Seitenkanten der unteren Dachpyramide auf und können nach unten beliebig weit an dem Rauchrohr herabgeführt werden. Durch die Buchstaben SS wird der Schirm bezeichnet, welcher ebenfalls eine sechsseitige Pyramide darstellt, dessen Seitenflächen 45° gegen den Horizont geneigt sind: die centrale Oeffnung in demselben entspricht der Mündung des Kaminrohres. Bei dem Buchstaben O sieht man, dass zwischen dieser Mündung und der Oeffnung des Schirms ein Zwischenraum gelassen ist, welcher durch die senkrechten Scheidewände W in sechs kleine Fenster umgewandelt wird."

Diese Beschreibung, die Zeichnung erklärend und ergänzend, wird ein klares Bild des Ventilationshutes geben, welchen anzufertigen jeder Klempner im Stande sein wird.

Hiemit ist nun das Tonnen-System, dessen Einführung in Stuttgart empfohlen wird, in allen seinen Theilen geschildert. Es wird wohl nach all dem bisher Gesagten keiner weiteren Ausführung bedürfen, um zu beweisen, welch eminenter Fortschritt mit seiner Einführung in Stuttgart geschehen würde. Die gesundheitlichen Anforderungen sind durch dasselbe vollständig befriedigt, und zugleich wird ein Maass von Comfort gegenüber dem jetzigen System erzielt, welches der Stuttgarter zu würdigen sehr bald lernen wird. Anstatt der immer etwas anrüchigen grossen Fässer auf ihren schweren Wagen, welche mit den angehängten ominösen Apparaten während des ganzen Tages die Stadt durchziehen, würden nur Morgens und Abends die wohlverschlossenen, gefällig gebauten Wagen, welche die Tonnen aufzunehmen haben, in den Strassen sichtbar, deren Aufenthalt vor den einzelnen Häusern zudem höchstens 5 Minuten dauern könnte.

Dass der Betrieb dieses Tonnensystems keine grösseren Kosten verursachen würde, als das jetzt bestehende Entleeren der Abtrittgruben mit dem Transport der Massen in die Depotgruben, soll noch versuchsweise gezeigt werden.

Auch das beschriebene Tonnensystem fordert eine Depotanlage, aber da die daselbst aufzubewahrenden Tonnen hermetisch verschlossen sind, und ihren Inhalt durch nichts verrathen, so können ein oder mehrere solcher Depotschuppen unmittelbar am Umfang der Stadt liegen (wie etwa die Gasfabrik), wodurch der durchschnittliche Transport zu denselben, welcher der Stadt zur Last fällt, sich auf höchstens $1/4$ tel bis $1/2$ Stunde belaufen wird. An diesen Depots hätten dann die Abnehmer die verschlossenen Tonnen in Empfang zu nehmen, und innerhalb dreier Tage wieder, geleert und gereinigt, zurückzuliefern. Es wird dadurch möglich sein, mit 2 Tonnen für jedes Haus auszureichen.

Wie schon früher gesagt, würde der Transport der Tonnen überallhin ungehindert per Achse und per Bahn stattfinden können, wodurch eine gewisse Konkurrenz für den Absatz der Stoffe ermöglicht, und derselbe von der nächsten Umgebung Stuttgarts mehr oder weniger unabhängig würde.

Die Bequemlichkeit und Schnelligkeit der Abfertigung für die Abnehmer der Tonnen dürfte ferner nicht wenig dazu beitragen, den Begehr nach denselben zu steigern und die Erinnerung an frühere Zeiten, wo die Bauern aus der Umgegend Stuttgarts die eckelhafte Entleerung der Gruben von Hand bei Nacht besorgten, und dann noch die Abfuhr vom Hause weg übernahmen, oft gegen eine Entschädigung an den Hausbesitzer, dürfte die Meinung rechtfertigen, dass die Bauern gerne bis an die Stadt fahren werden, um da die Tonnen in Empfang zu nehmen.

Diese Voraussetzung liegt dem ganzen Kostenüberschlag zu Grunde.

Nach den Erfahrungen, die in Heidelberg mit ganz ähnlichen Tonnen gemacht worden sind, dauert das Auswechseln der Tonnen im Hause selbst höchstens 1 Minute (Dr. Mittermaier a. a. O.). Werden nun für den Zu- und Abgang in's Haus und das Aufladen der Tonne auf den Wagen, sowie die Bewegung des Wagens von einem Hause zum nächsten 5 Minuten angesetzt, so erhält man für 1 Haus mit 1 Tonne als Leerungszeit 6 Minuten. In einer Stunde wird also ein einspänniger Wagen, welcher 10 Tonnen fasst (25 Zentner ohne das Eigengewicht des Wagens) gefüllt sein. Für die Fahrt des Wagens zum Depot, Abladen daselbst, Aufladen 10 leerer Tonnen und Rückfahrt in die Stadt wird 1 Stunde vollkommen ausreichen.

Die Gesammtleerungszeit für 10 Häuser wird somit 2 Stunden betragen. Wenn dieselbe Morgens von 5—9 Uhr, Abends von 8—12 Uhr geschieht, also 8stündige Arbeitszeit vorausgesetzt wird, so wird 1 Wagen 4. 10 also 40 Häuser besorgen. Dazu braucht er zwei Taglöhner, welche das Auswechseln etc. besorgen, aber für 2 Wagen genügen werden, da sie natürlich den Weg zum Depot nicht zu machen haben. Zu einem Wagen braucht demnach nur 1 Taglöhner berechnet zu werden, und die Kosten für 40 Häuser mit je 1 Tonne stellen sich nun auf

1 Einspänner, Pferd und Kutscher Morgens und
    Abends je 4 Stunden . . . . 5 fl. —
1 Taglöhner, Morgens und Abends je 4 Stunden 2 fl. —
                               Zusammen — 7 fl. —

Hiezu tritt noch ein Betrag für die Generalkosten, nämlich Verzinsung und Amortisation des Anlagekapitals für die Depotschuppen, Wagen, sonstige Geräthschaften, Aufsicht in der Stadt, Taglöhner im Depot zum Ab- und Aufladen der Tonnen u. s. w.

Um diese einigermassen berechnen zu können, müsste angenommen werden, dass die 4000 Häuser Stuttgarts lauter Tonnen von derselben Grösse besitzen, was allerdings der Wirklichkeit nicht ganz entsprechen wird.

Für diese 4000 Tonnen werden 3 Depotschuppen vorausgesetzt, etwa in der Böblingerstrasse, bei der Gasfabrik und im Stöckach. Jeden Tag kämen etwa 1/3tel von 4000, d. h. 1330 Tonnen, also in 1 Depot 440 Tonnen zur Ablieferung.

Es wäre somit für 1 Schuppen eine Grundfläche von etwa 400 $\square^{m.}$ erforderlich, da die Tonnen 0,5 $^{m.}$ breit sind.

Diese Schuppen würden einen Aufwand von höchstens ca. 30 fl. pro $\square^{m.}$ erfordern, also zusammen höchstens 36,000 fl. Für Unterhaltung und Amortisation werden 2 % genügen, die Verzinsung 5 % betragen, so ergibt sich ein Jahresaufwand für 4000 Häuser von . . . . 2520 fl.

Da ein Wagen täglich 40 Häuser besorgt, so sind im Ganzen etwa 36 Wagen erforderlich, welche pro Stück 350 fl. kosten mögen; es macht dies einen Aufwand von im Ganzen ca. 13,000 fl.

Für Unterhaltung und Amortisation 7 %, für Verzinsung 5 % gerechnet, erhält man einen jährlichen Aufwand von . . 1440 fl.

Für Aufsichtsbeamte, Inspektor, Aufseher etc. werden 5000 fl. genügen, während die Mannschaft in den Depotschuppen, je 4 Mann, höchstens (300 Tage gerechnet) 8000 fl. kosten wird.

Die Generalkosten belaufen sich somit für 4000 Häuser à 100 Leerungen auf zusammen ca. 17,000 fl., d. i. für 40 Häuser und eine Leerung auf . . . . 1 fl. 42 kr.

Die Gesammtleerungskosten pro 40 Häuser sind demnach 8 fl. 42 kr.

Eine Tonne enthält, s. pag. 41, 100 Liter = 0,1 $^{km.}$, 40 Tonnen somit 4 $^{km.}$, welche 8 fl. 42 kr. kosten. Es ist also der Kosten für die Entleerung eines Kubikmeters Exkremente 2 fl. 10$^{1}/_{2}$ kr., während die Stadt jetzt für die Entleerung 2 fl. 10 kr. und bei kleineren Gruben, wo die Entleerung öfter als 4 Wochen vorgenommen werden muss, 2 fl. 50 kr. fordert. Werden hiezu noch die Kosten der, wie schon oben gezeigt, unvermeidlichen Desinfection mit nur der Hälfte des dort angegebenen Preises (s. pag. 11) geschlagen, so ist der Preis für die Leerung eines Kubikmeters bei dem System der Abtrittgruben mit allen seinen Nachtheilen und Unzuträglichkeiten zwischen 2 fl. 40 kr. und 3 fl. 20 kr., also entschieden höher als derjenige des Tonnensystems. Nimmt man aber ein etwaiges Erträgniss in Aussicht, so ist aus den schon mehrfach angeführten Gründen beim Tonnensystem ein ganz anderes zu erwarten, als bei dem der Abtrittgruben.

Was die Kosten der Einrichtung betrifft, so leuchtet ein, dass die Herstellung und Unterhaltung einer wohlverschlossenen dichten Grube bedeutend mehr kostet als die Anschaffung zweier eiserner Tonnen. Die Einrichtungskosten für Ventilation und verbesserte Fallröhren mit Sitztrichtern sind nicht bedeutend, und sollten jedenfalls nicht in Vergleichung gezogen werden, da diese auch bei Abtrittgruben in jedem besseren Hause eingerichtet werden dürften. Für Neubauten ist also auch der finanzielle Vortheil ganz entschieden auf Seiten des Tonnensystems, ein anderes ist es allerdings bei den bestehenden Häusern mit der alten Einrichtung. Doch ist von dem gesunden Sinne der Stuttgarter zu hoffen, dass sie die Kosten, welche pro Haus sich auf 100 fl. bis 300 fl. belaufen werden, bei einer so wesentlichen Verbesserung ihrer Wohnungen nicht scheuen werden.

Was die Einführung des Tonnensystems selbst betrifft, so sei es erlaubt, die einschlägigen Sätze aus der Heidelberger Denkschrift hier anzuführen, worin es über diesen Gegenstand heisst:

„Wie wir uns die Sache denken, wenn im Grossen das Tonnensystem hier eingeführt wird, wäre in folgender Weise vorzugehen: Sobald die Gemeinde und Staatsbehörde unsere Ueberzeugung theilt, dass das Tonnensystem für unsere Stadt das zweckmässigste, und dessen Einführung und Durchführung anzustreben sei, würde mit Zustimmung der Sanitätsbehörde eine Verfügung erlassen werden, nach welcher bei Neubauten, weder die Einleitung der Abtrittstoffe in Kanäle, noch die Ansammlung derselben in Abtrittgruben stattfinden darf, nach welcher ferner: die Einführung des obigen Tonnensystems der Einwohnerschaft empfohlen, und ein bestimmter Zeitpunkt festgestellt wird, bis zu welchem jeder Hausbesitzer in Heidelberg das Tonnensystem in seinem Hause eingeführt haben muss. Ferner würde die Behörde verfügen, dass eine sich bildende Aktiengesellschaft mit genügender Bürgschaftsleistung die Berechtigung erhalte, den Inhalt der in Heidelberg vorhandenen Abtritttonnen für sich, zu Zwecken der Landwirthschaft, zu verwerthen, während sie die Verpflichtung übernähme, durch ihre Angestellten die Tonnen, das Strassenkehricht und die Haushaltungsabfälle regelmässig wegzuführen. Nur unter diesen Voraussetzungen ist die Möglichkeit gegeben, dass sich eine Gesellschaft zum Zweck einer regelmässigen Abfuhr der Tonnen bildet, **welche ihre Rechnung bei diesem Geschäft findet**, und nur dann werden sich auch die hiesigen Hausbesitzer bereitwillig finden, das Tonnensystem in ihren Häusern einzuführen.

„Die Gesellschaft müsste dann mit den einzelnen Hausbesitzern unter Genehmigung der Gemeinde- und Staatsbehörde Verträge abschliessen über die Entschädigung für die Abfuhr der Tonnen und deren Reinigung, wenn die Tonnen Eigenthum der Hausbesitzer sind, oder über ein Abonnement bei der Gesellschaft, wenn diese die Tonnen leihweise stellt. Selbstverständlich müsste die Gesellschaft unter der strengsten polizeilichen Kontrole stehen für die genaue Beachtung der sanitärischen Vorschriften bei dem ganzen Abfuhrwesen..... Wie die in Tonnen gesammelten Dungstoffe für die Landwirthschaft verwendet werden sollen, das wird die Sache einer betriebsamen Aktiengesellschaft sein, zu welcher sehr zweckmässig von vornherein auch zahlreiche Landwirthe unserer Stadt, wie der Umgegend beigezogen werden mögen. Unsere Pfalz besitzt zum

Glück eine vortreffliche Landwirthschaft und viele intelligente Bauern, welche mit Freuden die Dungstoffe in den Tonnen für ihre Felder kaufen werden, um sie den grössten Theil des Jahres sofort dahin zu verbringen und zur Zeit der Ernte zu Composthaufen zu verwenden. Der Gehalt des ihnen so gebotenen Düngers ist entschieden besser, als bei dem bisherigen System der Abtrittgruben."

Mit Beziehung auf diesen letzten Satz sei noch darauf hingewiesen, dass nur die vom Tonnensystem gelieferten Stoffe werthvoll genug sind, um die Möglichkeit einer Verarbeitung derselben, sei es zu werthvollen Salzen, zu Compost, Poudrette etc., zu bieten.

Es ist gewiss zu hoffen, dass es der Chemie gelingen wird, ein Verfahren zu finden, um den Exkrementen ihre schädlichen und doch so werthvollen Bestandtheile auf billige Weise zu entziehen. Es sind in dieser Richtung schon sehr beachtenswerthe Versuche gemacht worden, und sei es erlaubt, auf einen derselben besonders hinzuweisen, welcher der praktischen Nutzbarmachung im Grossen besonders nahe zu stehen scheint.

Es ist dies der von den Herren Dr. O. v. Gruber und Dr. L. Bronner (a. a. O.) gemachte Vorschlag, wonach die Exkremente mittelst einer Centrifugalmaschine in ihre festen und flüssigen Bestandtheile getrennt und die letzteren durch irgend eine Masse gut filtrirt werden. Die so erhaltene Flüssigkeit wird in einer Eismaschine zum Gefrieren gebracht, wodurch das Wasser als Eis ausgezogen und eine konzentrirte Lauge erhalten wird, welcher man zusammen mit dem festen Rückstand den letzten Gehalt an Wasser entzieht, indem man sie im Vakuum eindampft unter Zusatz von etwas Schwefelsäure zur völligen Desinfektion und Neutralisirung des Amonniaks.

Das dabei gewonnene Eis enthält nach den angestellten Proben in 1000 Theilen höchstens 0,7 Theile Rückstand und Asche und wird zum Theil bei der weiteren Verarbeitung als Kälteerzeuger verwendet, während der Rest, wenn er keine gewerbliche

Verwendung fände, ohne irgend welche Gefahr für Luft, Wasser und Boden beim Aufthauen wegfliessen könnte.

Es kann nicht bestritten werden, dass das erzielte Resultat der Conzentration und Reinigung ein vollständig befriedigendes ist, wie sich dagegen die Kosten des Verfahrens im Grossen stellen werden, ob also dasselbe lebensfähig ist, kann erst durch einen im Grösseren angestellten Versuch erwiesen werden, zu welchem bei der Wichtigkeit des Gegenstandes die Gelder recht wohl von Seiten der Stadt und des Staats gegeben werden dürften.

Bis aber das geschehen und bis ferner eine allgemeine Einführung des Tonnensystems gelungen ist, wird es leicht sein, wenigstens den einzelnen Besitzern, welche sich dazu entschliessen, die Einrichtung zu ermöglichen, indem ein Unternehmer sich bereit erklärt, die Abholung und Wechselung der Tonnen zu übernehmen. Derselbe wird zuerst die Verträge zu schliessen haben, welche eine regelmässige Übernahme einer bestimmten Anzahl von Tonnen sichern, und dann auf Grund dieser die Akkorde mit den Hausbesitzern eingehen können. So wird es möglich sein, das System allmählig einzuführen, und für seine Verbreitung durch seine Vorzüge selbst zu sorgen. Es ist dem Verfasser nicht zweifelhaft, dass dasselbe schnell Anklang finden wird, wenn es erst in einzelnen Häusern und selbst Strassen Eingang gefunden hat. Die Gemeindevertretung Stuttgarts hat nicht gezögert, in gerechter Würdigung der Wichtigkeit einer jeden Verbesserung der diesbezüglichen Einrichtungen, die Entleerung der Abtrittgruben auf die bestmögliche Weise zu verlangen, und sie hat damit in vielen Kreisen Anerkennung gefunden. Auf diese Kreise hauptsächlich rechnet der Verfasser zur Prüfung seines Vorschlags, und hoffentlich nicht umsonst. Ihnen sei derselbe denn vorzugsweise ans Herz gelegt mit der Bitte

„Prüfet Alles, das Beste behaltet."